KB233273

교회성장을 위한 장기적 전략으로써의 어린이 전도

어린이는 작은 어른입니다

어린이는 작은 어른입니다

권 율 복 지음

줄과추
도서출판

교회성장을 위한 장기적 전략으로써의 어린이 전도

어린이는 작은 어른입니다

재판 1쇄 인쇄 / 2000. 3. 15.
재판 1쇄 발행 / 2000. 3. 30.

저　자 / 권 율 복
발행인 / 이 원 우
발행처 / 도서출판 줄과추
주　소 / 서울시 마포구 합정동 386-l2 정은 B/D 202호
전　화 / (02)3l4l-9090　　팩　스 / 3l44-6620
공급처 / 비전북
전　화 / (0344)907-3927　　팩　스 / 080-403-l004
E-mail / JANDC@hitel.net

등록번호 / 제lO-l452호

ⓒ 2000 줄과추 Printed in Korea
값 5,500원

ISBN 89-87613-26-7 03230

이 책을
나를 목사로 세우시고
특별한 은사를 주시어
전도와 훈련의 사역자로 사용하시며
내 인생의 목자장 되신 주님,
그리고 특수 목회자의 내조자와
가족으로서의 어려움을 신앙 안에서
함께 나누는 사랑하는 아내 신경애와
아들 신영이, 그리고 딸 신아,
또한 지금도 복음 사역의 동역자로
헌신하고 계시는 전세계 모든 선교사들과
한국어린이전도협회의 모든 가족들에게 드립니다.

차 례

제 5 장 어린이 전도의 필수 요소 ▷ 93

제 6 장 어린이 전도의 실제 ▷ 127

제 7 장 어린이 전도의 지속적 대책 ▷ 147

한국 교회의 경이적인 성장 중에 하나는 바로 주일학교 운동이다. 주일학교 교육이 없었다면 한국 교회가 이만큼 성장할 수 있었을지 의구심이 든다.

그런데 섭섭한 것은 최근에 와서 어린이 주일학교 교육의 열기가 다소 식어졌으며 어린이 전도에 대하여 관심을 갖지 않는다는 느낌이 든다는 것이다. 어린이들의 정서가 텔레비전, 컴퓨터 게임, 오락실 그리고 만화 등으로 파괴되며 퇴폐한 성인 문화에 오염되고 있다

그런데 20여 년 동안 남다른 소명과 특별한 재능으로 오직 어린이 전도에 전념하신 권율복 목사님께서 이번에 「**어린이는 작은 어른입니다**」라는 책을 세상에 내어 놓으셨다. 한국 사회는 대체로 어린이들의 인격을 무시하고 "어린 것이 무엇을 알겠느냐!"는 식으로 대했다. 그러나 어린이는 하나님의 구원의 대상이며 어린이 전도야말로 한국 교회의 밑거름이란 사실을 진작 깨닫고 지도자와 교사들을 일깨우며 어린이 전도의 현장에서 지금까지 이 일을 위해서 노력하신 분이다. 그래서 그런지 그의 얼굴 표정과 말씀은 언제나 어린 아이처럼 천진스럽고 순진하다.

사실상, 이 책은 권율복 목사님께서 총신대학교 목회대학원에서 목회학 석사학위 논문으로 제출하신 것이다. 원제는 「교회 성장을 위한 장기적 전략으로써의 어린이 전도」였다. 처음부터 논문지도의 책임을 맡았던 필자로서는 이 책이 세상에 나오게 된 것을 매우 기쁘게 생각한다. 권율복

목사님은 그 동안 현장에서 이론을 토대로 한 어린이 전도의 경험과 풍부한 자료를 사용하여 이 책을 집필했다. 따라서 이 책은 실제적이면서도 학적이다. 필자는 이 책이 일선 주일학교 교사들과 어린이 전도에 관심이 있는 모든 목회자들과 교역자들에게 실제적인 많은 도움과 유익이 될 줄로 믿어서 적극 추천한다.

총신대학교 총장직무대행
총신대학교 목회대학원장

금번에 권율복 목사님의 저서 「**어린이는 작은 어른입니다**」가 발간되는 것을 기뻐하며 적극 추천한다. 한국어린이전도협회에서 어린 생명을 살리는 사역에 20여 년간 동역하며 연구도 게을리하지 않은 그가 쓴 학위 논문을 교회학교 교사와 목회자 및 교역자들에게 알맞게 구성하여 낸 책이기에 한국 교회에 더욱 도움이 되리라 믿어 의심치 않는다.

많은 사람들이 어린이 사역에 무관심하거나 아무렇게나 할 수 있는 일로 생각하는 현실을 감안할 때 이 책의 출간은 매우 뜻깊은 일이며 한국 교회 성장에 중요한 밑거름이 될 것이다.

이 책을 통해 어린이 사역에 대한 바른 이해가 한국교회에 정립되는 계기가 되며 세계 인구의 40%를 차지하는 어린이들에게 복음을 전하는 뜨거운 열정을 가진 추수꾼들이 많이 나오게 하는 강한 도전이 되기를 기대하며 반드시 일독을 권한다.

(사)한국어린이전도협회 전 한국총무 **박 규 현**

시골 철길을 따라 마을 형과 누나의 등에 업히고 손에 이끌려서 교회에 다녔던 것이 계기가 되어 열다섯 살 때부터 주일학교 교사를 하기 시작했다. 그런데 이러한 과정에서 나도 모르게 복음에 대한 열정과 어린이 사역에 대한 경험이 쌓인 것 같다. 이렇게 해서 시작된 나의 어린이 사역은 신학 교육을 받고 교사에서 전도사 그리고 목사일 때에도 계속되었으나 전혀 체계가 없었다. 하지만 1974년 지금의 아내(당시 "한국어린이전도협회" 수원지회 총무)를 만났고 "한국어린이전도협회"를 통해 복음과 삶, 전도와 양육, 그리고 교사 훈련을 체계화하기에 이르렀다.

필수과정을 거쳐 "한국어린이전도협회"의 부산지회 총무를 거쳐서 본부 교육 총무로 섬기는 때까지 초교파적인 기관에 속해 있고 보수 교단의 목사라는 이점 때문에 어린이 집회와 교사 세미나 및 훈련과 강의를 대단히 많이 다녔다. 그러면서 20년이란 세월이 흘렀고 한국교회 주일학교의 실태와 어린이 사역의 문제점 그리고 잘못된 부분을 인식하고 성경적이며 실제적인 해결을 위한 대안을 정립하게 되었다.

가장 슬픈 사실은 (1) 전도와 교육을 이원화하는 것 (2) 교육(이념+이론)과 훈련(이론+실습)의 몰이해로 인한 주일학교 교육의 시행착오 (3) 어린이 육성의 필요를 알고 있지만 선결 과제인 어린이 복음화와 그에 따른 교사 훈련의 부재 (4) 어린이에 대한 비성경적인 이해, 그리고 (5) 어린이 전도와 양육을 교회 성장의 장기적 전략에서 제외시키는 작금의 실태이다.

물론 교회 지도자와 교사들이 어린이 전도와 양육을 부정하지는 않으나 막연하게 인식하고 절감하지 못하는 모습들을 바라보면서 알리고 일깨우며 관심을 불러 일으키고 성경적이고 복음적인 입장에서 촉구해야 할 시대적 사명감과 확신을 가지게 되었다.

이러한 생각과 열정을 키워 오던 중 총신대학교 목회대학원을 공부하게 되었고 원장이신 정성구 교수님의 복음과 구원의 열정 그리고 어린이 사역에의 지대한 관심으로 인한 격려를 통해 졸업 논문을 「교회성장을 위한 장기적 전략으로서의 어린이 전도」라는 제목하에 쓰게 되었다. 하나님의 은혜로 최우수 졸업 논문으로 선정되어 수상도 했지만 학적인 분야와 영적으로 불완전한 사람이 쓴 것이기에 졸작이라는 부끄러움이 앞선다. 작은 외침이 모여 큰 외침이 되며 먼저 일어서야 달릴 수 있다는 생각에 자위하게 되었고 지도 교수님과 동역자들 그리고 관심이 많으신 분들의 격려로 용기를 얻어 "어린이 사역을 통한 교회성장 지침서 I집"인 본서를 발간하게 되었다. 물론 사랑과 관심이 많으신 모든 분들의 지도와 편달을 겸허하게 기다리며 이를 위해 계속 노력할 결심을 하면서 말이다. 미흡하지만 본서가 교회학교 성장에 보탬과 참고가 되기를 간절히 바란다.

본서가 출판되기까지 지도와 격려를 아끼지 않고 추천사를 써주신 정성구 교수님, 박규현 목사님, 그리고 사랑하는 아내, 김희덕 권사님, 이종순 집사님, 한국어린이전도협회의 모든 사역자들 그리고 사랑의 빚을 진 모든 분들께 감사드린다.

남방 산호섬 마이크로네시아에서 **권 율 복**

서 론

한국 교회는 세계 선교사에 전례가 없을 정도로 괄목할만
한 성장을 하며 경이적일 정도로 부흥을 했다. 그리고 이와
같이 급진적으로 성장한 한국 교회는 많은 부분에서 연구의
대상이 되고 있다. 그러나 교회의 부흥이나 성장은 단회적이
거나 한 세대적인 현상이 되어서는 결코 안된다. 교회가 영원
한 것처럼 교회의 성장도 거듭되고 지속되어야 한다. 그렇다
면 교회의 계속적인 성장은 어떻게 해야 가능하겠는가? 교회
의 존재 가치와 그 의미를 찾고 올바르게 확립해야 한다.

오늘날 교회의 존재 가치는 전도에 있다. 전도는 땅위에
세워진 하나님의 교회가 해야 할 첫번째 사명이요 교회 존재
의 의미이다.[1)]

교회가 성장하려면 무엇보다도 전도가 필요하다. 그 중에
서 간과하지 말아야 할 한가지 사실은 "다음의 세대를 돌보
지 않으면 현재의 종교적 부흥은 당대로 끝날 것이다."라는
요한 웨슬레의 말처럼 오늘의 부흥과 현재의 성장을 내일로
이어지게 하고 다음 세대를 준비하는 것이다.

그러기 때문에 교회 성장이 아무리 전성기에 있다 할지라

도 그것을 지속시킬 방법을 모색하지 않으면 안되는 데,그 방안이 곧 어린이 복음화요 전도이다.

왜냐하면, 오늘의 어린이는 곧 내일의 어른이 되기 때문이다. 어린이 전도, 이것은 교회 성장에서나 전도의 부분에서 결코 제외 시킬 수 없는 것이다.

주일학교는 원래 "영혼 구원"을 목적으로 세워졌었다. 그러나 1960년대부터는 육성 교육의 개념이 주일학교를 지배하게 되었고 주일학교 종사자들은 질에 대한 욕구가 강한 나머지 더 많은 사람들에게 전도해야 할 필요성을 간과하게 되었다.[2] 하지만 주일학교는 길 잃고 방황하는 자들을 모아 성경 말씀을 듣도록 해야한다.

교회마다 근래에 들어서 어린이 교육에 관심이 대단히 고조되고 있다. 그런데 어린이를 향한 기독교 교육을 "우리"안에 들어온 양들을 대상으로 가르치는 작업이라면, 전도는 "우리"밖의 잃은 양을 찾아다니는 사역이다. 먼저 우리 안에 들어와야 양육을 할 수 있고, 어린이를 더 많이 지속적으로 모아야 가르침을 계속할 수 있지 않겠는가? 따라서 온전한 기독교 교육이 되려면 전도는 반드시 필요하다. 기독교 교육이 삶의 변화를 그 목적으로 한다면 그 시작은 회심이라 할 수 있다.[3]

어린이 교육과 어린이 전도는 결코 다른 부분이 아니며 그렇게 구분해서도 안된다. 삶을 변화시키는 교육의 시작점이 곧 전도요 믿음으로 구원받음이 아닌가? 그러나 안타까운 사실은 교육에는 관심이 있으나 전도에는 무관심하며 어린이

교회 성장이 아무리 전성기에 있다 할지
라도 그것을 지속시킬 방법을 모색하지
않으면 안되는 데 그 방법이 곧 어린이
복음화요 전도이다.

교육을 위해서는 투자하나 어린이 전도는 경시한다는 점이
다. 교육과 전도를 각각 양분하는 것은 얼마나 잘못된 처사인
가?

어른 목회의 시작이 어린이 양육이요 교회 성장의 첫번째
연결고리가 어린이 전도이며 오늘의 교회 부흥을 내일에로
이어나갈 주인공이 어린이라면, 어떻게 어린이를 소홀히 여
기며 어린이 전도를 부질없는 생각으로 단정할 수 있겠는가?

물론 어린이 전도를 막연하게 나마 알지만 절감하지 못하
는 이유가 있을 것이다. 그러기 때문에 알려야 하며 일깨워야
한다. 또한 관심을 불러 일으켜야 하고 촉구해야 한다. 성경
적으로 그리고 개혁주의 입장에서 말이다. 필자는 이러한 시
대적 사명감과 아울러 어린이도 예수 그리스도께 나아 올 수
있으며 믿음으로 구원 받을 수 있고 이것이 하나님의 뜻임을
분명하게 확신한다.[4]

따라서 본서의 목적은 어린이 전도를 개혁주의적인 입장에
서 정립하고, 전체적이고 일반적인 입장에서 윤곽을 정리하
며, 동시에 근본적인 원리에 의한 어린이 전도의 방법을 제시
하므로 관심과 확신을 일깨우고 촉구하는 데 있다.

본서의 내용 및 연구 방법은 이러하다. 먼저 전도의 신학
적이며 성경적인 의미를 포괄적으로 고찰하고, 이에 근거하
여 어린이 전도를 다루며, 어린이 전도의 대상인 어린이의 존
재 의미와 특성 그리고 영적 상태에 대한 이해를 돕고, 성경
과 많은 영적 지도자들의 견해를 통해 어린이 전도의 가능성
을 제시하고, 어린이 전도의 원리인 그 중요성과 목적 그리고

전도의 동기를 확립하고, 이어서 성령과 교사 그리고 내용으로 구성되는 어린이 전도의 필수 요소를 정리하고, 어린이 전도의 실제 문제인 방법론과 도구 그리고 프로그램을 효과적이었던 경험에 근거하여 제시하며, 마지막으로 어린이 전도의 지속적인 대책으로 사후관리와 전도자 확보 및 훈련 그리고 어린이 전도에 대한 책임의 범위를 정하려고 한다.

제 1 장
어린이 전도에 대한 인식

“그러면 무엇이뇨
외모로 하나 참으로 하나
무슨 방도로 하든지
전파되는 것은
그리스도니 이로써
내가 기뻐하고
또한 기뻐하리라”
(빌 1:18)

✝ 토기 장이

토기장이의 손 안에 있는 더럽고 차갑고 흉칙한 진흙,
토기장이는 만들면 아름다워질 그릇을 상상했네
뜻을 가지고 찌꺼기를 건지며 깨끗히 닦았네
당장의 소실을 생각지 않고 인내로서 고통을 겪었네.
아름다운 무늬를 써 넣어 만들었네
그릇이 완성되자 왕이 사 갔네.
한개의 흉칙한 진흙이 한날에 왕의 궁전에
은혜를 끼칠줄이야 그 누가 상상했을까?

오늘 그대의 곁에 있는 죄짓기 쉬운 어린이를
허나 주님은 그 영혼의 아름다움을 보고 그대의
손 안에 그들을 맡겼네. 그러나 가격을 따지지 말고
기도를 더 많이 하여 아무도 잃지 않도록
믿음으로 수고하여 그리스도를 영접케 하세.
그들이 가야 할 곳은 주계신 그 보좌일세.
오늘 그대가 대하는 어린이들은
한날에 그대의 기쁨이 면류관이 되겠네.

1. 전도의 신학적 의미

"어떤 이들은 투기와 분쟁으로 어떤 이들은 착한 뜻으로 그리스도를 전파하나니 이들은 내가 복음을 변명하기 위하여 세우심을 받은줄 알고 사랑으로 하나 저들은 나의 매임에 괴로움을 더하게 할 줄로 생각하여 순전치 못하게 다툼으로 그리스도를 전파하느니라 그러면 무엇이뇨 외모로 하나 참으로 하나 무슨 방도로 하든지 전파되는 것은 그리스도니 이로써 내가 기뻐하고 또한 기뻐하리라"(빌 1:15-18)

전도를 신학적으로 정립하는 것은 전도에 대한 어떤 방법과 열정보다 먼저 해결해야 할 문제이다. 왜냐하면, 신학은 하나님 사역이라는 건물의 골조이며 사역을 행하기 위한 노선이기 때문이다.

신학계에서 선교와 전도를 구별하는 문제가 종종 대두된다. 일반적으로 선교는 먼 곳에 있는 사람들에게 복음을 전하는 것이고, 전도는 가까운 곳에 있는 사람들에게 복음을 전하는 것이라고 생각한다. 하지만 전도란 용어를 이와 같이 제한적으로 사용하는 것은 옳지 않다. 왜냐하면 복음 전도는 멀고 가까운 지역적 구분을 뜻하는 것이 아니라 단순히 복음 선포를 의미하기 때문이다.[5]

또 한가지 문제는 자유주의 신학과 보수주의 신학의 첨예한 대립이 선교 신학에도 영향을 미치게 되었다는 사실이다. 자유주의 신학을 기초로 한 주장자들은 WCC를 중심으로 전도를 "오늘의 구원"과 "현실 구원" 등의 사회 정의 실현을 주장하면서 "정치 신학"과 "해방 신학"을 표방하고, 개혁주의 신학을 주장하는 교회에서는 전도를 "내일의 구원"과 "영원 구원"등의 "영혼 구원"의 전통적 선교관을 고수하고 있다.

WCC적 선교 개념은 사회학적인 개념에서 출발하여 해방이 곧 선교라는 등식으로 귀결시킨다.6) 그래서 그들은 선교의 정치화 작업으로 교회의 정치적 책임성을 부각시킨다. 그리고 여기에서 하나님의 화해 역사를 제창한 "하나님의 선교"(Missio Dei)개념을 등장시킨다.

이 사상은 삼위일체 하나님이 현세에서 지금도 계속 일하고 계시므로 교회도 그에 따라 반응해야 한다는 것이다. 즉 "참된 전도란 인류 전체를 위한 복음이다."라고 하면서 모든 신자는 이 땅위의 평화와 정의 그리고 자유를 위하여 하나님의 뜻을 실현해야 한다고 역설한다.

이 사상의 입장에 의하면, 교회가 하는 선행은 모두 전도이다. 즉, 선행이나 자선을 소리 없이 실천하는 신앙인이 곧 전도라는 주장이다.7) 하지만 개혁주의의 선교 개념은 하나님의 영혼 구원의 은총 개념에서 출발하여 "영원한 멸망을 받아야 할 저주의 대상인 죄인들을 오직 성령의 능력의 역사를 통하여 예수 그리스도를 영접하고 하나님을 믿게 할 목적으로 십자가의 죽으심과 부활의 주가 되신 유일한 구속자이신 그리스도의 복음을 전파하는 것이며, 믿음으로 말미암아 구원받은 자가 온 생애를 통하여 그 교회의 교제에서 그리스도를 섬기면서 영광으로 다시 오실 그리스도의 나타나심을 기다리도록 하는 것이다."8) 그러므로 개혁주의 선교 개념은 영

복음 전도는 하나님에게서 시작되고 하
나님에게서 말미암으며 하나님께 영광을
돌리는 신학적 기초를 분명히 해야 한다

혼 구원과 교회 설립 그리고 복음 선포에 역점을 두고 있는
것이다.

이러한 두 개념에는 이러한 약점이 있다. 자유주의 신학의
선교 개념은 지나친 사회 및 정치 참여와 간섭까지도 선교로
규정하기 때문에 선교의 본래적 의미를 모호하게 한다는 점
이고, 개혁주의 신학의 선교 개념에는 사회 참여와 봉사가 미
약하거나 무관심하다는 점이다.

개혁주의적 복음관은 항상 하나님의 주권을 강조한다.[9]
즉, 전적 부패와 인간의 무능력, 무조건적(주권적) 선택, 제한
적 속죄, 불가항력적 은혜, 성도의 견인 등의 내용을 바탕으
로 하고 있다.

그리고 개혁주의 신학(Reformed Theology)의 가장 위대한
특징은 신학의 근거를 하나님의 말씀에서 찾는다는 것이다.
왜냐하면, 기독교인의 권위의 마지막 근원은 성경이기 때문
이다. 따라서 하나님의 말씀만 붙들어야 한다.[10]

리폼드 신학교에서는 복음 전도의 목적을 지상 명령(마
28:19-20)과 그리스도의 대사(Christ's Ambassadors)를 위한 바
울의 지도(고후 5:11-6:2)라는 용어로 정의하고 있다.[11] 이는
곧 복음 전도를 "지상 명령"과 "그리스도의 대사로서의 바울
의 간증에서 오는 명령"이라고 인정하는 것이다.

이는 또한 좋은 소식을 전하는 방법에는 여러가지가 있다
는 것도 인정하고 있다. 결국 어떤 사람이 이 분야에서 다른
방법을 사용하고 있다고 할지라도 그리스도인은 잃어버린 죄
인을 그리스도에게로 인도해서 회심(Conversion)시키는 그 사

실을 보고 즐거워 해야 한다는 것이다.

근본적인 개념에서의 전도는 "그 선포의 결과를 가리키는 것이 아니라 그리스도의 복음이라는 좋은 소식을 전하는 것이며, 죄인들에게 복음에 관한 진리를 말해주는 것이다."12)

여기에는 성경적인 신관, 죄인들에게 예수 그리스도가 필요하다는 것, 우리 주님의 구원 사역 등과 같은 진리의 선포를 포함하는 많은 요소 즉, 선교와 복음 전파의 여러가지 형태(개인적, 지적, 목회적, 교회적)와 매스 미디어(라디오, TV. 문학 등)들이 포함되어 있다.

왜냐하면 그리스도인들은 여러 종류의 사람에게 여러 모양으로 가능한 모든 방법을 사용하여 사람들을 구원해야 하고 (고전 9:22), 무슨 방도로든지 그리스도를 전파하여 사람들이 그리스도 안에서 새생명을 얻는 것으로 기뻐해야 하기 때문이다.13)

그렇다면 선택의 교리나 제한 속죄와 함께 개혁주의 복음 전도는 복음의 보편적 제공을 삭제하는 것이 아니다. 오히려 복음이 차별없이 모든 사람들에게 전파하는 것이 개혁주의 교회의 복음관이다.

슬프게도 오늘날 많은 복음 전도가 인간 중심적이며 자기 본위화 되고 있다. 왜냐하면 복음 전도는 전도자 자신의 것을 선전하거나 자랑하는 것에 초점을 맞출 것이 아니라 복음을 듣는 자들의 문제에 초점을 맞춰야 하며 인간은 자력으로 구원이 불가능하며 그리스도를 통해서만 구원에 이를 수 있다는 진리를 전하는 것이 그 원리임에도 불구하고 전도자 자신들의 개성, 웅변, 능력, 간증, 신유의 이적, 고난의 생애 등을 소개하는 것으로 복음 전도를 대치하기 때문이다.

그리고 또 한가지 사실은 인간의 행복을 복음 전도의 주요한 목적으로 삼는 경향도 많은데, 이는 전도의 목적과 출발에서 이미 근본적으로 잘못된 것이다. 복음 전도는 어디까지나 하나님으로부터 시작되고 하나님으로 말미암으며 하나님께로 영광이 돌아가야 한다는 신학적 기초가 분명해야만 한다.14) 따라서, 교회의 다른 사역도 마찬가지겠지만 전도에 있어서도 인본주의적 발상에서 말미암은 사회복음주의 지향의 전도를 단호히 배격하고 개혁주의에 입각한 복음관을 명백히 해야 한다.

그렇게 될 때에야 비로소 전도도 하나님을 앞지르지 않고 그 분의 뜻을 따라 하나님 중심적이요 하나님 제일주의에 굳게 서서 분명한 신적 권위를 바탕으로 복음 전도를 시행하게 될 것이다.

2. 전도의 성경적 의미

"하나님의 지혜에 있어서는 이 세상이 자기 지혜로 하나님을 알지 못하는고로 하나님께서 전도의 미련한 것으로 믿는 자들을 구원하시기를 기뻐하셨도다"(고전 1:21)

성경은 정확무오하고 권위있는 하나님의 말씀이다. 성경을 제외한 모든 다른 책과 전통은 인간이 만든 인간의 산물이며 성경의 권위를 따를 수 없다. 그러므로 성경은 신앙과 행위의 유일하고도 정확무오한 규범이다. 즉 성경은 우리의 믿는 믿음의 근원이며 어떻게 행해야 하는지를 밝혀주는 행위 규범이다.

이것은 전도의 영역에도 적용된다. 성경은 우리가 믿는 것과 가르치는 것이 무엇이냐를 설명해 줄뿐만 아니라 전도하는 것이 무엇인가에 대해서도 밝혀준다. 그렇기 때문에 전도의 전 영역을 성경에서 그 본보기를 찾아야 한다.[15] 초대교회의 모든 성도들은 동일하게 그리스도의 복음을 전파하였다. 그들은 어디서 그리고 어떤 환경에서든지 복음을 전했다 (행 5:42, 8:4,25)

그런데 성경의 몇몇 단어들이 전도의 의미를 명확하게 밝혀 준다.[16]

① 유앙겔리조: 기쁜 소식을 전한다(막 1:15, 행 2:8).

② 케루소: 예고한다(마 4:23).

③ 디다스코: 가르친다(마 9:35).

④ 말투스: 증인(행 1:8).

⑤ 마데테스: 제자를 삼는다(마 28:19).

복음전도는 "복음을 전하다"라는 동사로서 신약성경에 52회나 나오는데, 좋은 소식을 전하며 승리의 소식을 가져오고 구원을 선포한다는 의미로도 사용되었다.

요약하면, 복음 전도는 "불타는 마음으로 복음의 증인이

전도란 먼저 안 사람이 아직도 모르는
사람에게 전하는 말과 행동이다

되는 것이고 듣는 자들을 그리스도의 제자로 만들려는 뚜렷
한 목적으로 가르치며 전파하는 것이다.[17]

신약 성경에 있어서의 전도는 단순한 증거(witness)가 아니
고 복음을 떠난 친절도 아니며, 인간이 예수 그리스도를 믿도
록 증거하고 선포하는 일이다.

복음 전도는 복음을 전하거나 선포하는 것을 의미하지(눅
1:19, 살전 3:6) 그 결과를 가리키는 단어가 아니다. 왜냐하면
'믿었다'거나 '개종했다'는 말보다는 '복음을 전파한 것'을 더
강조하기 때문이다(행 14:7, 8:4, 25, 40). 그러므로 전도는 복
음을 전파하는 것이다. 복음 전파는 성령의 능력 안에서 예수
그리스도를 소개하므로 사람들이 그를 통하여 하나님을 신뢰
하도록 하는 것이다(고후 5:20). 그러므로 전도를 그 목적과
혼돈해서는 안된다.

전도는 사람들이 자신들의 죄를 회개하고 하나님께 돌아오
며 풍성한 삶을 살게 하기 위하여 하나님의 사자가 개인적이
든 공식적이든 그리스도의 복음을 선포하는 것이다.[18]

고전 1:21에서 사용된 '전도'(케뤼그마)라는 단어를 토대로
전도의 성경적인 의미를 다시 한번 정의하면, 전도는 먼저 안
사람(구원의 진리를 경험적으로)이 아직도 모르는 사람에게
(무 경험자는 알 수 없지만 성령께서 장차 나타내실 초자연
적인 신령한 은사) 전하는 것(말과 행동으로)이라 할 수 있다.
[19]

3. 어린이 전도

"마땅히 행할 길을 아이에게 가르치라 그리하면 늙어도 그것을 떠나지 아니하리라"(잠 22:6)

어린이 전도는 연령적으로 어린아이들을 대상으로 하는 전도를 의미하는데, 일반적으로 청소년 전기의 어린이들에게 적용된다. 예수님께 축복을 받기 원해서 부모들이 데리고 왔던 어린이들과(막 10:13) 예수님이 친히 모델로 세우셨던 어린이가(마 18:2) 바로 이에 해당될 것이다.

어린이 전도에서 다루는 전도의 의미도 역시 어트리(C. E. Autrey)의 정의와 다를 바가 없다.[20] 어린이 전도를 단순히 어린이들을 교회에 데리고 오는 정도로 이해하고 있다면 이는 잘못된 것이다.

전도가 어떤 사람을 인도하여 예수님과 대면하도록 만드는 것이라면, 어린이 전도 역시 어린이를 예수님께 인도하여 예수님을 영접해야겠다는 결단을 내리게 하거나 설득 하는 것이라 할 수 있다. 물론 성령님의 도우심이 없는 설득이나 촉구는 강압에 의한 결단이 되어 어린이의 인생에 오히려 해가 될 수 있다.

전도를 말할 때 성경에서는 특별한 어느 계층만을 지적하지 않았다. "너희는 온 천하에 다니며 만민에게 복음을 전파하라."고 하신 말씀(막 16:15) 중에서 "만민"이란 말에는 어

> 어린이 전도란 복음의 내용을 어린이가
> 이해할 수 있도록 가장 분명하고 단순하
> 게 전하여 어린이들을 그리스도께로 인
> 도하는 것이다

린이도 포함되어 있다고 보아야 한다. 또한 "모든 사람이 죄를 범하였으매 하나님의 영광에 이르지 못하더니"(롬 3:23)라는 말씀에도 어린이가 포함되어 있는 것으로 간주해야 한다.

"마땅히 행할 길을 아이에게 가르치라 그리하면 늙어도 그것을 떠나지 아니하리라."[21]는 말씀은 하나님이 원하시는 사람이 되도록 하기 위해서는 어린이 시절에 복음을 전하고 가르쳐야 된다는 것을 의미한다. 또한 이 약속은 모든 교육을 밑받침하는 원리에 대한 성경적 표현 즉 어린이 교육이 그 남은 생의 모습을 결정할 수 있다는 의미이다.[22]

어린이 전도란 복음의 내용을 어린아이가 이해할 수 있게 단순하고 가장 분명하게 전하여서 어린이들을 그리스도에게로 인도하는 목적을 이루는 것이다.[23] 따라서 어린이 전도란 복음 전도의 대상에 따라 붙여진 하나의 연령적 형태라 할 수 있다.

내가 여호와를 항상
내앞에 모심이여 그가 내 우편에 계심으로
내가 요동치 아니하리로다
-시 16:8-

제 2 장
어린이 전도의 전제

"자식은
여호와의 주신 기업이요
태의 열매는 그의
상급이로다"
(시 127:3)

✝ 어린이들의 교사

주님 매일 주님의 길을 어린이들에게
가르쳐야 하는 나는 누구입니까?
나는 모든 일을 잘못만 합니다.

난 그들에게 지식을 가르치곤 합니다.
그러나 내 환상이 얼마나 어둡고 내 촛불같은 지식이
얼마나 희미하게 비치는지를 압니다.

난 그들에게 결정짓고 행하는 힘을 가르쳐 주곤 합니다.
그러나 나는 새로운 것들을 배워야 하며
내 자신의 연약함을 버려야겠습니다.

난 그들에게 전 인류에 대한 사랑을 가르치곤 합니다.
그리고 그들의 구세주에 대해서도요 그러나 내 사랑은
그의 사랑을 따르지 못합니다.

주님, 어린이들에게 아직도 안내자가
필요하다면 당신을 의지하는
이 교사를 그들로 보게 하소서.

1. 어린이의 존재에 대한 이해

"자식은 여호와의 주신 기업이요 태의 열매는 그의 상급이로다"(시 127:3)

어린이는 새끼가 아니다. "새끼"라는 말은 자식을 속되게 부르는 말이라고 했다.[24] "자식"이라는 말은 어린이를 귀엽게 부르는 말이지만[25] 새끼라는 말은 분명히 욕이다. 그런데도 많은 사람들이 어린이를 새끼의 존재로 대하는 예가 있는데 이것은 어린이를 반쪽이나 하등한 존재로 취급하는 태도이다.

성경에는 분명히 "여호와의 주신 기업이요, 그의 상급"이라고 했다(시 127:3). 어린이는 새끼가 아니다. 그들은 하나의 인격자요 천하보다 귀중한 생명체이다. 모든 사람은 하나님 앞에서 보면 영혼의 귀중성 차원에서는 적어도 "앞으로 나란히"는 없기 때문이다. 모두 똑같은 하나로서의 "옆으로 나란히"의 존재이다. 다시 말해서 하나님 앞에서는 다 동일한 존재라는 말이다.

건물에 아래층 없는 위층이 없고 일층 없는 이층이 없듯이, 사람도 어린이 없는 어른이 있을 수 없다. 어린이는 과연 어른과 다른 별종인가? 아니다. 덜 큰 어른이 어린이요 다 큰 어린이가 어른이다. 어린이와 어른이 무엇이 다르다는 말인가? 한 막대기의 두 끝일 뿐이다. 어른 때문에 어린이가 사는 것

> 어린이는 새끼가 아니다. 그들은 하나의
> 인격자요 천하보다 귀중한 존재이다

이 아니라 어린이 때문에 어른이 있는 것이다.26) 그리고 어린이는 예수님의 사랑과 관심과 구원의 대상이다.27)

2. 어린이의 특성에 대한 이해

"이와 같이 소자 중에 하나라도 잃어지는 것은 하늘에 계신 너희 아버지의 뜻이 아니니라"(마 18:14)

성경에는 "어린아이", "소자", 그리고 "자녀"라는 말이 2천 번 정도 나타난다.28) 성경에서 이와 같이 자주 언급된 어린이는 도대체 어떤 존재인가? 어린이는 다음과 같은 특성을 가지고 있다.

① 어린이들은 불멸의 영혼을 가지고 있다.

② 대체로 살아 온 날보다 앞으로 살아갈 날이 더 많다.

③ 그들은 죄인이며 구원받은 어린이라 해도 죄를 짓기 쉽다.

④ 그들은 대부분 가르침을 잘 받고 새로운 것을 배우는데 열심이며 기억력이 좋다.

⑤ 늘 새롭고 쉽게 그리고 빨리 반응한다.

⑥ 많은 어린이들이 성경을 하나님의 말씀으로 쉽게 믿으며 기도 드리기를 즐기며 배운다.

⑦ 옳고 그름에 대한 관념에 쉽게 영향을 받는다.

실제로 어린이들은 어른보다 유리한 점
을 지니고 있다. 즉 그들의 마음이 쉽게
열린다는 것이다

⑧ 현혹되지 않는 한 그들은 대체로 옳은 일을 하기를 원
한다.

⑨ 그들은 이야기에 매혹되며 노래하기를 좋아하고 정서적
으로 쉽게 동요된다. 그들은 잘 흔들리지만 진지한 결심을 할
능력도 가지고 있다.

⑩ 그들은 모두 특출나기를 원하는 친구들과의 경쟁에서
민감한 반응을 나타낸다. 어린이들은 머뭇거리는 경향이 있
지만 각각 사랑과 관심과 보살핌을 필요로 하며 이에 반응한
다.[29]

⑪ 실제로 어린이는 어른보다 유리한 점을 가지고 있다.
어린이들의 마음은 자연스럽게 열려 있다. 어린이는 정직하
며 성실하다. 그들의 마음은 아직 부드럽다. 이런 어린이들에
게 죄를 지적해주면 그들은 마음이 깊이 동해서 쉽게 자기들
의 죄를 인정하고 복음을 받아들이며 예수 그리스도를 영접
하게 된다.[30]

어린이보다 더 복음을 받아들이기 쉬운 사람들은 없다. 어
린이들처럼 열심히 그리고 전심으로 반응을 보이는 사람도
없다. 그러기에 신자들 중에 30세가 지나서 구원받은 사람의
수는 겨우 4% 뿐이고 86%가 15세 이전에 구원받는다고 라이
오넬 헌트(Lionel Hunt)가 그의 통계에서 밝히고 있다.[31]

⑫ 그리고 어린이들은 언제 어디서나 만날 수 있다.

3. 어린이의 영적 상태 이해

"여호와여 우리를 주께로 돌이키소서 그리하시면 우리가 주께로 돌아가겠사오니 우리의 날을 다시 새롭게 하사 옛적같게 하옵소서"(애 5:21)

세상에는 두 종류의 어린이가 있다.

한 종류의 어린이는 예수 그리스도를 개인의 구세주로 영접하지 않은 어린이이다. 수많은 어린이들이 예수 그리스도를 개인의 구주로 영접하지 못하고 있어 영적으로 죽어 있다는 사실은 매우 슬픈 일이다. 이러한 어린이들에게는 세상의 온갖 좋은 것들보다 하나님의 말씀을 통하여 구원받는 영적 양식이 필요하다.

예수 그리스도를 개인의 구세주로 영접하지 않는 영혼은 영원히 죽을 수 밖에 없다. 이들은 복음을 통한 성령의 사역에 의해서만 죽은 영혼이 살아날 수 있다.[32] 이 어린이들에게 오직 예수 그리스도만이 영적 생명을 줄 수 있다.

또 다른 한 종류의 어린이는 예수 그리스도를 개인의 구주로 영접한 어린이이다. 이들은 중생한 어린이이며 영적으로 살아있는 자라고 불리운다.

이들에게는 영적 양식 곧 생명의 꼴이 계속 필요하다. 그러나 문제는 거듭난 어린이들에게 참 생명의 양식을 계속 주지 않으므로 중생된 어린이마저 가사 상태에 있다는 것이다.

이러한 상태는 교사들이 영적으로 거듭나지 않고 그 어린이 영혼에 대한 책임감이 없는 교육을 하기 때문이다. 그리고 어린이들은 이런 연유로 교회에 들어왔다가 곧 밖으로 뛰쳐 나간다.

어느 시대든지 교회가 그 황금기에는 어린이 전도를 철저히 했다.[33] 즉 교사가 어린이들에게 예수를 구주로 영접하도록 복음을 잘 가르치고 전했다는 말이다. 복음이 없는 교회는 주일 학생이 없다. 있다고 해도 죽은 생명들 뿐이다. 어느 교회든지 교회가 살아 움직이고 그 생명의 역사가 지속 되려면 복음을 전해야 한다. 특히 어린이들에게말이다.

교회가 주일 학교를 두는 것은 지식 습득이나 정서 순화 혹은 인격 함양을 위한 것이 아니라 죽은 영혼들에게 하나님의 복음을 선포하고 영혼이 살 수 있도록 생명의 양식을 공급하는 것이다.[34] 따라서 어린이들에게 지금도 살아 계셔서 우주 만물을 통치하시는 하나님의 말씀을 가르쳐야 하고 영과 육이 살아날 수 있는 생명의 복음을 전해야 한다. 그런데 과연 교회가 참 복음을 어린이들에게 가르치고 전하고 있는가?

이 시대의 어린이들의 영적 상태는 어떠하며 그들이 원하는 것은 무엇인가? 유대와 예루살렘의 백성들이 포로로 잡혀 갔을 때에 가난한 자들은 그 자녀들과 함께 뒤에 남겨져 있었다. 그 때 선지자 예레미야도 함께 남아있게 되었다. 그들의 많은 자녀들이 먹을 것이 충분치 못하고 구할 길마져 없어서 굶주려 죽어가고 있었다. 그 상황에서 예레미야는 울부

짖었다(애 2:11-12). 주님의 백성들에게 울며 기도하라고 호소했다(애 2:18-19). 잔인한 백성을 고소했다(애 4:13-14). 백성들에게 기도하기를 간청했다.[35]

예레미야 당시의 예루살렘에 있던 어린이들의 상태는 오늘날 이 세계의 어린이들의 영적 상태와 요구를 보여주는 것이다.

그 어린이들은 육신의 양식이 없어 굶주리고 죽어갔지만 오늘의 어린이는 영혼의 양식이 없어서 굶주려 죽어가고 있다. 이 엄청난 요구는 하나님의 백성들이 먼저 예레미야처럼 기도해야만 해결 될 수 있다.[36]

성경은 그리스도 밖에 있는 어린이들의 영적 상태에 대해서 다음과 같이 말씀한다: ① 길을 잃었다(마 18:7,14). ② 영적으로 죽어있다(엡 2:1,5). ③ 영적인 일들을 이해할 수 없다(고전 2:14). ④ 죄인이며 하나님으로부터 분리되어 있다(롬 3:23).

또한 어린이들을 긴급히 전도해야 될 이유를 다음과 같이 요약할 수 있다:

① 구원받기에 유리한 특성 즉 쉽게 인정하고 받아들이는 속성을 지니고 있다.

② 하나님을 배제케 하는 삶의 압력들이 점점 많아져 간다(공부, 홍미, 할일 등).

③ 다른 이데올로기들이 어린이들을 차지하려고 애쓰고 있다(New Age Movement 등).

④ 주님께서 곧 오신다.

예수 그리스도 안에 있는 구원에 대해 아
는 것은 모든 어린이들의 권리이며, 그에
게 그리스도를 영접할 기회를 주는 것은
우리의 책임이다

⑤ 어린이는 이 세상의 공격에 끊임없이 직면한다(죄, 죽음, 범죄, 혼돈 등).

⑥ 그리스도 밖에 있는 어린이는 위기 상황에 있는 것이다.

⑦ 어릴 때에 기초 작업을 확실하게 해야 한다.[37]

이 공격에서 보호할 전신 갑주는 어디에 있으며 과연 누가 그것을 입혀 주어야 하는가? 우리는 영적으로 죽어 있는 그 어린이들에게 무엇을 줄려고 노력해야 하는가? 예수 그리스도 안에 있는 구원에 대해 아는 것은 모든 어린이들의 권리이며 그에게 그리스도를 영접할 기회를 주는 것은 우리의 책임이다.[38] 우리는 지금 생명의 떡을 가지고 있다. 그러나 누가 이 떡을 가져다가 멸망해 가는 무리들에게 나눠 줄 것인가?

지금도 어린이들에게 복음을 올바로 전하고 가르치는 일을 등한시하는 경우가 대단히 많다. 현세와 내세 모두에 걸쳐 어린이의 장래는 배우는 것에 달려 있는 데도 말이다. 어린이 시절은 배우고 익히고 진리를 받아들이기에 가장 적합한 시기이다. 왜냐하면 나이가 적을수록 나이 먹은 어린이들보다 더 쉽게 반응을 보이기 때문이며 가르치기 쉽고 권위 아래 놓여 있기 때문이다. 가르치기 쉽고 전하기 좋은 이 시기는 짧은 기간이며 얼마 안 있어서 영원히 사라지고 말 것이다.

문은 열려 있다.

우리 주위와 세계의 어린이들은 열려있는 하나의 커다란 문이다. 성령 충만하여 성경의 가르침을 올바르게 베풀 교사들의 손길을 그들은 기다리고 있다.

모든 교사는 가르치는 전도자가 되야만 한다.[39]

생각컨대
현재의 고난은 장차
우리에게 나타날 영광과 족히
비교할 수 없도다
-로마서 8:18-

제 3 장
어린이 전도의 가능성

∴

"이와 같이
이 소자 중에
하나라도 잃어지는 것은
하늘에 계신
너희 아버지의 뜻이
아니니라"
(마 18:14)

∴

✝ 늦기 전에

귀여운 꼬마 어느날 아빠에게 말하길
"나의 죄를 씻기 위해 예수님 영접할까?"
"애야 너는 아직 어려 클 때까지 기다려
어른들만 필요하다 아이들은 괜찮아"

폭풍불 때 그 아빠가 꼬마에게 말하길
"양들 모두 우리 속에 안전하게 넣었지?"
"큰 양들만 모두 넣고 어린 양은 보냈죠
어린 양은 괜찮대서 신경쓰지 않았죠?

여러분은 이런 잘못 저지르지 않나요?
지금 열린 어린 마음 굳어지면 늦어요.
그런 때가 오지 전에 "어린이를 내게로
데려오고 막지 말라" 예수님 말씀했네.

어린이 전도도 하나님의 다른 모든 사역과 마찬가지로 "하나님의 말씀"에 따라 시행되어야 한다. 물론 어린이 전도는 특별한 분야이기 때문에 전문가들의 견해나 의견 그리고 축적된 이론도 중요하다. 그러나 먼저 성경 말씀에 전적으로 의존해야만 한다. 다시 말해서 전도자의 아이디어나 전문가들의 이론인 교육, 철학, 심리학 등의 모든 방법이 어린이 전도를 위해 사용해야 하지만 성경 말씀이 첫째요 기본이 되어야 한다는 말이다.

성경 말씀에서 떠난 어린이 전도 이론이나 실천은 분명히 잘못된 것이다.[40] 그러므로 어린이 전도 분야를 연구하고 실천할 때, 성경에서 어린이들에 대한 관심이 얼마나 크며 어떻게 가르쳐 주고 말하는지에 대해 살펴 보아야 한다.

그러면 어린이 전도의 가능성에 대한 성경적인 근거를 살펴보자.

1. 성경적 근거

(1) 구약에 나타난 근거

가. 창세기

창세기 중에서 특히, 아브라함이 하나님의 언약을 이행하는 것에서 어린이 사역의 놀라운 근거를 찾아 볼 수 있다(창 12:1-2, 18:7-19). 창세기 11장에는 실제적으로 창세기 12장에서 아브라함에게 한 하나님의 약속과 함께 시작하는 세계 구속의 이야기가 소개되어 있다.

아브라함의 언약의 의미는 이러하다. 창세기 1-11장은 아브라함의 언약의 필요성을 알려준다. 그것은 인간의 완전한 실패와 소망이 없음에 대한 기록이다. 타락 후(창 3장) 첫 문명이 두 길 즉 셋(의인)과 가인(죄인)으로부터 발전되었는데 홍수 심판은 그 문명의 종말을 가져왔고 그 문명은 단지 유일하게 남은 의인 노아(창 6:4-8)를 제외하고 끝이 났다. 하나님은 노아의 자손에서 새로운 문명을 발전시키셨다. 하지만 이 문명도 곧 심판받을 운명에 처하게 되었다.

인류에게 소망이 전혀 없고 심판과 저주만이 남아 있을 때 하나님은 직접 개입하셔서서 타락한 인류 중에서 아브라함을 선택하셨다. 하나님은 창세기 12:1-3에서 아브라함에게 일곱 가지 신비롭고 원대한 약속을 하셨다. 즉 구원의 방법과 구원에 대한 약속이었다. 특히 그 약속의 마지막 부분에서 "땅의 모든 족속이 너로 인하여 복을 얻을 것이니라."41)고 하셨다. 이것이 하나님의 약속이다. 하나님은 저주 대신에 이방들에게 축복을 주실 것인데 아브라함을 통해서 세상 국가들을 구원으로 축복하실 것이다(갈 3:6-9, 14, 16, 28-29).

비록 아브라함 이전에도 많은 신자들이 있었지만(아담, 에녹, 노아 등) 아브라함어 홀로 "우리의 조상", "모든 믿는자의 조상"(롬 4:1,11,12,16)으로 언급된다. 그래서 아브라함의 언약의 의미는 그에게 하신 언약이 하나님의 약속이며 하나님은 그것을 통해서 올 모든 시대의 인류를 구원하실 것이라는 점이다.

이제 그 신기하고 탁월한 언약이 절대적이지만 하나님이 아브라함을 택하신 이유를 알려 주시면서(창 18:17-19) 하나님께서 그 약속을 어떻게 이행해 나가시는지를 극적으로 보여주고 있다.

약속된 구원의 언약을 이행해 나가시는 방법이 무엇인가? 어린이를 가르치는 것이 하나님이 아브라함의 언약을 이행하시는 최초의 방법이시다.42) 여기서 하나님은 약속을 이행하실 것이라는 점을 확고히 하셨으며("나의 하려는 것을") 이는 아브라함의 특별활동("그는 자식에게 명하여")을 실행하므로 이루시는데 아브라함은 자녀들에게 구원의 길과("여호와의 도") 영적 성장("의와 공도를 행하게")을 가르쳤고 이러한 그의 활동의 결과로 하나님의 언약이 이루어지게("나 여호와가 아브라함에 대하여 말한 일을 이루려 함이니라") 될 것이다.

어린이에게 구원의 길과 영적 성장을 가르치고 전하는 것은 아브라함의 언약을 성취하시는 하나님의 최초의 방법이셨다면43) 이 원리는 오늘날도 살아 있다.

나. 출애굽기에서

이스라엘 백성들은 그들의 자녀들에게 구원의 길과 영적 성장을 가르치는 것이 가장 중요한 책임 중에 하나였다. 출

구약에서는 어린이들에게 가르치고 전하
는 목적이 하나님을 섬기는 공동체에 속
하여 신앙을 계승하도록 하기 위함이었
다

12-13장에서 국가가 탄생할 즈음에 하나님은 이스라엘에게
가장 기본이 되는 교훈을 주셨는데 그들이 세가지 의식을 통
하여 세가지 중요한 진리를 영원히 그들 자신과 자녀 앞에서
지키게 하셨다.

첫째, 이스라엘 민족은 유월절 의식을 통해서 구원의 길을
그들의 자녀들에게 가르쳐야 했다.[44] 유월절 준비에 대해서
(출 12:3-11) 말씀하시기를 흠없는 어린 양을(4일간 지켜본
후) 죽여서 피를 바르고 피의 보호 안으로(집안에서만) 들어
가기를 이르셨다. 그렇게 할 때 하나님께서는 약속하시기를
(출 12:12-13) "내가 피를 볼 때에 내가 너희를 넘어가리라"
고 하셨다.

이 유월절 예식을 계속 행하였는데 이 예식은 그들의 자녀
들에게 구원의 길을 가르치기 위한 영구적인 실물 교수이다.
즉, 가장 적당한 대속물의 준비를 통하여 이루시는 하나님 은
혜의 구원의 역사란 말이다(출 12:25-28).

이스라엘이 이 예식을 통하여 자녀들에게 구원의 길을 성
실히 가르치도록 명령 받았다. 그렇다면 우리는 하나님 자신
의 아들의 참 희생으로 말미암아 생긴 구원의 길을 자녀들에
게 가르치는 책임을 져야 한다.[45] 이것이 우리가 어린이를
가르쳐야 한다고 특별히 진술하는 성경의 진리이다.

둘째, 이스라엘 민족은 무교병 예식을 통하여 그 어린이들
에게 더러운 것들로 분리되는 의미를 배우게 하였다.[46] 이
즐거운 축제를 참여하기 위해서는 두가지 요구 사항이 있어
야 했다. 하나는 유월절 예식에 참여하는 자가 되어야(무교병

빵의 예식 시작 전날에) 하고, 그 다음에는 집에서 모든 누룩 (발효한 밀가루, 굽지 않은 빵)을 치워야만 했다.

이스라엘 민족은 곧 죄의 형태를 가리킨다. 무교병의 예식에서 애굽의 구속(죄의 품성의 형태)으로부터 해방을 즐기기 위해서 즉, 하나님과의 교제 예식을 즐기기 위해서 이렇게 더럽혀진 것으로부터 떨어질 필요가 있음을 자녀들에게 가르쳐야만 했다.

셋째, 이스라엘은 초태생의 구속 예식을 통해서 참 성화의 의미를 그 자녀들에게 가르쳐야만 했다.[47]

하나님께서는 이스라엘과 그들의 자녀들에게 봉사하기 위해서 하나님께 돌리는 또 다른 국면의 진리를 말씀해 주셨다. 즉, 구원의 길(피가 보호해 주리라는 믿음)과 구원의 목적(하나님을 섬기며 사는 봉사)을 그 이스라엘 민족이 자신만 기억할 것이 아니라 그들의 자녀들에게 가르치고 전할 것을 요약해서 하나님께서는 말씀해 주셨다.

다. 신명기에서

어린이 전도를 담당하는 지도자는 구약의 신명기에 대한 배경과 그 내용에 대해 이해하고 연구해야 한다. 이스라엘 백성은 40년 동안 광야에서 방황하다가 약속된 가나안에 들어가게 되는데 그들의 장래는 가나안 땅에서 앞으로 태어나고 자라날 후손들에게 달려 있었다. 그러므로 신명기에서는 후손들에 대한 책임과 의무를 강조하고 있으며 다음 세대의 주인공이 될 어린이 사역의 성경적 원리와 교훈을 제시하고 있다.

첫째, 하나님의 경고가 있다(신 4:9-16). "너는 그 일들을 네 아들과 네 손자들에게 알게하라….."는 말씀은 곧 하나님의 진리의 말씀을 성실하고 신중하게 가르치라는 의미이다. 그런데 이 일을 해야 될 먼저된 자(교사)는 하나님과 올바른 관계를 가지는 것을 계속해야 하며("오직 너는 스스로 삼가며…."), 계속적인 영적 교제를 가지도록 마음을 힘써 하나님의 말씀을 주의깊게 계속적으로 배워야("네 마음을 힘써 지키라")된다고 말씀하셨다. 이 말씀은 먼저된 자(교사, 부모)들에게 주신 하나님의 경고임을 알 수 있다.

둘째, 하나님의 약속이 있다(신 6:3). "이스라엘아 듣고 삼가 그것을 행하라…그리하라 네가 복을 얻고…심히 번성하리라."는 말씀이다.

여기에서 두가지 개론이 나오는데 "듣고"(순종), "삼가 그것을 행하라"(실천)는 말씀이다. 이렇게 먼저된 자가 행할 때 두가지 허락되었는데 곧, "그리하면 네가 복을 얻고…심히 번성하리라"는 것이다.

셋째, 하나님의 명령이 있다(신 6:4-9). "이스라엘아 들으라…너는 마음을 다하고 성품을 다하고 힘을 다하여 네 하나님 여호와를 사랑하라."는 말씀이다.

그 명령은 곧 다섯가지로서 먼저된 자는 말씀을 들으라("들으라"), 하나님을 사랑하라("여호와를 사랑하라"), 말씀을 마음판에 새기라("마음에 새기고"), 말씀을 강론하라("강론할 것이며"), 항상 말씀과 동행하라("기호를 삼고···, 표를 삼고")는 것이다.

넷째, 하나님의 목적과 교사의 임무가 있다(신 31:12-13). 그 목적은 임무는 곧, 어린이로 하여금 생명의 말씀을 듣게 하는 것("그들로 듣게 하고"), 이해하게 하는 것("배우고"), 하나님을 체험시켜 그 하나님을 섬기게 하는 것("여호와를 경외하며"), 어린이가 하나님의 말씀에 전적으로 순종하도록 하는 것("지켜 행하게 하고"), 기쁜 소식을 다른 친구들에게도 전하도록 하는 것("알지 못하는 자녀로··· 배우게 할지니라") 그것이다.

라. 시편에서

시 78:1-8에서는 시편 기자를 통해서 다음 세가지를 말씀하고 있다.

첫째, 하나님의 명령이 있다(시 78:5). "저희 자손에게 알게 하라"는 이 말씀은 교사의 사역이 곧 하나님의 말씀을 전하고 가르치는 것이며 이는 교사의 자유의사가 아닌 하나님의 명령이요 사명이라는 의미이다.

둘째, 하나님의 계획이 있다(시 78:6). "저희는 후대 곧 후생 자손에게 이를 알게하고"라는 이 말씀은 그들의 자손에게 말씀으로 양육시켜서 그 후손들에게 "복음의 혈통"이 전통적으로 이어지게 하시는 하나님의 계획이다.

셋째 하나님의 목적이 있다(시 78:7). 어린이에 대한 하나님의 목적이 3가지로 나타나는데 곧 어린이로 믿게 하며("그 소망을 하나님께 두며"), 하나님을 기억하게 하며("하나님의 행사를 잊지 아니하고"), 순종하게("오직 그 계명을 지켜서") 하는 것이다.

이 말씀들은 곧 어린이들 맡은 또는 맡아야 되는 먼저 된 자들에게 향하신 하나님의 놀라운 명령과 그 분의 계획과 목적을 잘 보여주신 것이다.

(2) 신약에 나타난 근거

가. 마태복음에서

마태복음에서는 특히 18:1-14절의 말씀이 어린이 전도에 있어서 기본 교재와도 같은 말씀이다.

여기에서 7가지 놀라운 진리를 예수님께로부터 직접 들을 수 있다.

첫째, 제자들의 관심을 교정해 주셨다(마 18:1-2). 제자들의 관심은 "누가 크니이까"였다. 그러나 예수님께서 어린이를 실례의 대상으로 삼으셔서 천국에 들어가는 자격으로 어린아이와 같이 되는 것 즉, 겸손해 지는 것이라고 그들의 시선을 어린이에게로 향하도록 교정하시는 말씀을 하셨다.

둘째, 자격을 제시하셨다(마 18:3-4). 그리스도인의 표상과 크고 작음의 평가는 곧, "자기를 낮추는 곧, 어린이와 같이 되는 것"이라고 하시면서 주님 앞에 큰자가 되기 위한 자격은 어린아이같이 순진하고 겸손할 것을 말씀하셨다.

셋째, 어린이의 가치를 인정하셨다(마 18:5). 예수님은 어린이의 영혼 하나가 얼마나 귀중한 가치가 있는지를 보여 주시기 위하여 어린이와 예수님 자신을 동일시("…곧 나의 영접함이니") 하셨다. 어린이를 영접하는 것이 곧 예수님을 영접하는 것과 같으며 어린이를 환영하고, 복음을 전해주고, 구원해 내는 것은 예수님이 얼마나 기뻐하시는 일인지!

넷째, 어른들의 범죄에 대한 경고를 하셨다(마 18:6-7). 예수님은 어린이를 실족케 하는 죄를 매우 비중있게 다루셨다. 특히 믿는 어린이를 실족케 하는 자는 커다란 죄를 지은 것이며 그에 대한 마땅한 형벌을 받게 될 것이다. "…차라리…깊은 바다에 빠뜨리우는 것이 나으니라."는 구절은 얼마나 무서운 말씀인가?

그러기에 교사(어른) 자신이나 그 행위가 어린이를 실족시키는 원인이 되어서는 안된다. 그러나 실족시키는 일이 아주 쉽게 행해지고 있다는 사실은 안타까운 일이 아닐 수 없다. 이런 것들은 어린이를 실족케 할 수 있다:

① 구원받은 어린이를 낙심시키거나 또는 구원받지 못했다고 말하는 것.

② 그들에게 용기를 북돋아 주지 못하고 은혜 안에서 자라도록 말씀의 젖을 먹이지 못하는 것.

③ 그들에게 어른들처럼 살라고 강요하는 것.

④ 영적으로 해가 되는 좋지 못한 가르침.

⑤ 교사들의 언행의 나쁜 본보기.

⑥ 어린이들에게 무관심한(특히 구원 문제에) 태도.

⑦ 어른으로서의 무책임한 태도 등을 들 수 있다.[48]

다섯째, 어린이의 가치성을 지적하셨다.[49] 하나님은 그 어린이 하나 하나에게 수호 천사를 임명해 두시고 강력한 힘을 가진 천사가 그들을 보호하기 위해서 배치되었다는 사실은 어린이 하나가 얼마나 가치있는 존재인지를 잘 일깨워 주시는 말씀이다. 그러기 때문에 어린이를 소홀히 여겨서는 안된다("하나도 업신여기지 말라").

여섯째, 교사의 기쁨이 무엇인지를 말씀하셨다.[50] 이 말씀은 어린이를 위해 일할 때에 꼭 필요하고 이해해야 되는 말씀이다. 예수님은 "잃어버린 양"에 대해 강조하셨다. 이 말씀을 통해 교사가 가져야 할 깊은 통찰력이 무엇이겠는가? 그것은 곧 주님께서 참으로 기뻐하시는 바가 무엇이겠느냐는 반문이다. 주님이 세우신 교사(목자)라면 목자장되신 예수님께서 기뻐하시는 그것을 최고의 기쁨으로 삼을 것이 분명하다.

예수님은 길 잃은 양을 찾는 것보다 더 기뻐하시는 것은 없다. 목자는 그 양을 찾으러 나가야 한다. 왜냐하면 죄인 하나가 회개하면 하늘에서도 기쁨이 넘칠 것이기 때문이다(눅 15:7). 예수님을 영접하지 않고 세상길로 걸어가는 어린이는 모두 다 길 잃은 양이다. 길 잃어버린 어린이 영혼을 찾아야 한다. 이것이 교사의 최고 기쁨이어야 한다.

일곱째, 하나님의 뜻은 선포되었다.[51] "이와 같이 이 소자 중에 하나라도 잃어지는 것은 하늘에 게신 너희 아버지의 뜻이 아니니라" 이 말씀은 하나님의 애타는 관심과 깊은 바램이 무엇인가를 보여준다. 어린이들은 잃어져 있으며 속히 전도하지 않으면 영원히 잃어버리게 될 것이다. 그들이 자라난 후에 그대로 죄 중에서 죽는 다면 그들은 틀림없이 영원히 멸망하는 것이다.[52]

하나님께서는 모든 어린이들을 사랑하시며 그들이 전부 구원되기를 원하고 계신다. 예수님은 잃어져 있는 자들을 찾아 구원하시려고 오셨다. 우리가 어린이들에게 전도를 할 때에라야 하나님의 뜻을 이룰 수가 있다.

나. 마가복음에서

막 10:13-16의 말씀은 어린이 전도에 있어서 가장 많이 알려진 말씀이다. 물론 여러가지 영적 해석의 분야가 있겠으나 어린이 전도의 성경적 원리를 분명히 제시해 주시고 있다.

첫째, 교사가 먼저 해야 될 것이 무엇인지를 말씀하신다(막 10:13).[53] "어린이들을 데리고 오매…" 이 말씀은 이처럼 어린이들을 데리고 오는 것이 제 일차적인 전도의 원리임을 가르친다. 어른들은 예수님께로 데리고 올 때에 그들은 주춤거리고 꺼려하고 결국 도망가지만(마 19:17-22) 어린이는 예수님께 오는 것을 좋아하고 도망가지 않기 때문에 데려오기만 하면 되는 것이다.

둘째, 잘못된 태도에 대한 책망이다(막 10:13) "제자들이 꾸짖거늘…". 이 얼마나 불행한 일인가?

앞 부분에서 살펴보았듯이 먼저된 자들이 잘못된 태도로 말미암아 어린이들을 막거나 오지 못하게 만든다면 예수님께서 분내실 일이다.

셋째, 예수님의 마음을 보여 주셨다(막 10:15-16). "…어린 아이를 안고 저희 위에 안수하시고 축복하시니라". 예수님은 제자들의 불순종 때문에 기쁜 마음이 아니었으나 어린이를 영접하시고 변함없이 사랑하셨다. 피곤하고 또 시간이 없었으나 항상 어린이를 맞아 주시는 마음을 가지셨고 어린이 전도를 몸소 보여 주셨다.

이러한 예수님의 모습이야말로 참 목자의 모습이 아니겠는가?

다. 바울서신에서

사도 바울은 그리스도의 부모들이 그 자녀들에게 전도하는 것(가르침)을 하나의 의무로 생각했기 때문에 그의 가르침은 어린이 전도에 대해서 아주 명백하다.

첫째, 사도 바울은 어린이들을 성도로 대우했다는 사실이다(엡 1:1, 6:1, 골 1:2, 3:20). 이 서신들은 모두 성도들에게 보낸 것인데 그 내용에서 어린이들에게도 직접 말하고 있다. 이는 그가 그들을 성도로 혹은 중생한 신자로 보고 있다는 뜻이다.[54]

"에베소에 있는 성도들", "골로새에 있는 성도들"이라고 말한 후에 "자녀들아… 부모에게 순종하라"고 말씀하신 것

신약에서는 하나님과의 개별적인 만남이
언급되어 있다는 사실이 그 특성이며 독
특한 점이다

은 그 자녀들(어린이들)도 분명히 거듭난 어린이들이었다는 증명이다. 이것은 거듭난 자만이 성도이기 때문이다.[55] 이 말씀은 곧 당시의 에베소와 골로새 교회 등에서는 어린이 전도가 일상적으로 늘 있었다는 것을 뚜렷이 증거해 준다.

둘째, 부모에게 직접한 명령이 있다(엡 6:4). "아비들아… 너희 자녀를…주의 교양과 훈계로 양육하라."고 한 것은 주 안에서 어린이를 양육하라는 것인데 이는 곧 중생한 후에 복음으로 가르침을 행할 것을 말씀함이다. 어린이가 주 안에서 양육받기 위해서는 그 어린이가 전도 받지 않고는 불가능하기 때문에 전도를 먼저 받아야 되는 것이다(고후 3:6, 고전 2:4).

셋째, 장로의 조건 중에서도 어린이 전도가 나타난다.[56] "장로는 믿는 자녀를 둔 자라야 한다"는 말씀은 곧, 장로들의 자녀는 신자여야 될 것을 요구하고 있다. 그레데에 있는 이 교회들은 어린 자녀들의 전도가 성인들의 전도와 같이 동시에 교훈되고 있음을 보여준다.[57]

넷째, 디모데에게 대한 교훈에도 나타난다. 바울은 디모데에게 대한 교훈에도 배운 것을 상기시키면서 가정에서의 영적인 교훈이 그것에 긍정적으로 반응하는 어린이에게 신앙 형성의 가치를 지니고 있기 때문에 중요하다고 보고 있다.

이상에서 살펴보건데, 구약에서는 어린이들에게 가르치고 전하는 이유가 하나님을 섬기는 공동체에 속하여 신앙의 계승하도록 하기 위한 것이었고, 신약에서는 하나님과의 개별적 만남이 언급되어 있다는 사실이 그 특성이며 독특한 점이

다.

어린이 전도를 위한 하나님의 계획을 3가지로 요약할 수
있다.

① 부모의 전도 즉, 그리스도인의 가정에서 어린이들을 그
리스도에게 인도할 책임이 있다.

② 믿는 자들이 잃어 버린 모든 어린이를 그리스도에게 인
도하여할 책임이 있다.

③ 교회는 모두 어린이를 전도해야 한다.[58]

이는 요 21:15에서 예수님은 베드로에게 말씀하시기를 부모
로서가 아니라 교회의 지도자로서 어린양을 먹이라고 하셨기
때문이라고 본다.

2. 어린이 전도의 중요 부분과 그 성경적인 해답

"너희가 그 은혜를 인하여 믿음으로 말미암아 구원을 얻었나니 이것이
너희에게서 난 것이 아니요 하나님의 선물이라"(엡 2:8)

교사들에게 부딪히는 어려운 문제들 중에 인간의 머리로는
해결 할 수 없는 것이 많이 있다. 그러나 성경은 분명하고도
정확한 대답을 제시해 준다. 특별히 어린이 전도에 있어서도

여러가지 실제 부분들에 대한 문제와 질문들이 있을 수 있는 데 그에 대한 해답은 성경이 가장 정확하고도 분명한 해답을 마련해 준다.

첫번째 중요한 질문은 어린이들에게 하나님의 말씀을 가르치고 전하는 것이 왜 그렇게 중요한가라는 것이다. 이에 대한 답변은 오직 하나, 성경이 어린이들에게 하나님의 말씀을 가르치라고 명령하셨기 때문이다.

구약 성경 중에는 중요한 말씀이 7곳이나 그 답변을 주고 있으며(신 4:9-10, 6:7, 11:18-19, 31:12-13, 시 78:4-6, 잠 22:6, 욜 1:3) 신약 성경 중에는 5곳이나 그 해답을 주고 있다(마 11:25, 엡 6:4, 막 16:15, 행 26:22, 딤전 2:4). 이상의 성경에서 나타난데로 어린이 전도는 하나님께서 강조하신 바이기 때문이다.

어린이가 일곱살이 되면 받아야 할 교육 중에 3/4을 받은 것과 같다고 볼 수 있는데 크리소스톰은 "화가 보다 더 위대한 예술가는 어린이의 영혼을 변화시키는 교사"라고 했으며, 요한 웨슬레는 "우리가 자라는 어린 시대를 돌보지 않으면 현재의 신앙 부흥은 우리 나이(60-70세) 밖에 지속하지 못한다."라고 했다. 이 말은 틀림이 없다. 어린이 때에 영원한 생명에 대해 배우는 것은 가장 중요한 교육이다.[59]

둘째로 중요한 질문은 어린이도 중생이 가능하냐는 문제이다. 이에 대해 성경은 분명히 그렇다라고 가르치고 있다. 특히 어린이의 중생에 대해 구약에서 3회 이상(신 31:12-13, 삼상 3:7-10,19, 시 78:7), 신약에서 5회 이상(마 18:6, 엡 1:1,

구원은 성령께서 하시는 사역이며 믿음
으로 얻어지는 것이다. 그러므로 어린이
도 믿으며 중생할 수 있다

6:1, 골 1:2, 3:20) 직접 말씀하셨다. 특히 사무엘은 하나님의
음성에 반응을 보였고, 영적으로 성장했으며, 바울은 그의 서
신 중에서 어린이들 성도라고 불렀으니 곧 중생한 자가 성도
이다.

또한 어린이만을 위한 성경 구절은 아니지만 성경에는 구
원에 대한 약속의 말씀이 많이 나온다(요 3:16, 롬 10:9,13, 엡
2:8).[60]

구원은 인종, 종파, 민족, 연령을 초월한다. 누구든지 예수
님을 개인의 구세주로 믿고 영접하는 자는 구원을 받는다. 어
린이가 성경 말씀 전체를 다 이해할 수는 없고 부분적인 이
해만 하는 것은 사실이다. 인간의 능력은 한계가 있고 결국
모든 것을 이해할 수는 없다.

구원은 성령께서 하시는 사역이며 믿음으로 얻어지는 것이
다. 그러므로 어린이도 믿을 수 있으며 중생할 수 있다. 어린
이는 복음을 듣고 예수님을 영접하고 양육되면서 성숙한 그
리스도인으로 변화되어 간다.

**셋째로 중요한 질문은 어린이가 몇 살 때 중생할 수 있
는가라는 문제이다.** 성경은 나이에 대해서 특별하게 언급하
지 않았으며 몇살이 되어야 중생이 가능하다는 언급도 하지
않았다. 비록 사람들이 중생한 어린이를 평균적으로 나이를
계산한다고 해도 그것은 적정 나이가 될 수 없다. 왜냐하면
어린이의 세계에서 평균치란 있을 수 없기 때문이다.

예수께서 "나를 믿는 이 소자……"라고 하신 것이나(마
18:6) "어린아이 하나"라고 하신 것으로 보아(막 9:36) 어린이

가 중생할 수 있음은 분명하다. 또한 "만민에게 복음을 전파하라"는 말씀은 나이에 관계없이 누구에게나 복음을 선포할 것을 가르치신 것이다.[61] 왜냐하면 하나님의 자녀가 되기 위해서는 예수님을 구주로 영접해야 되기 때문이다.

비록 어린이 일지라도 스스로 죄인이라는 사실과 예수님이 십자가에서 자신의 죄 때문에 돌아가셨다는 것을 사실로 믿고 예수님을 구주로 영접하면 중생할 수 있는 충분한 나이인 것이다.

영국의 유명한 설교가이며 주석가인 켐벨 몰간(Cambell Morgan)은 말하기를 "나는 어려서 구원받았기 때문에 언제 어디서 예수님을 구주로 영접했는지 확실히 기억할 수 없다."라고 했으며, 캐나다의 리오넬 헌트(Lionel Hunt)목사는 "성경에 어린이의 중생에 관한 나이를 확실히 말하지 않았으므로 우리가 나이를 측정할 수 없다. 구원은 나이나 지능에 관한 것이 아니라 오직 성령의 계시에 의해 이루어진다. 하나님의 말씀을 통해서 성령께서 예수님을 사람의 마음속에 나타낸다. 내가 알고 있는 어린이 중에 3-5살에 확실히 예수님을 영접했고 또 많은 숫자의 어린이가 6-10살 사이에 예수님을 개인의 구주로 영접했다. 경험과 통계적인 나이보다 어린이도 성령님이 함께 하실 때 영적인 말씀을 이해할 수 있으며, 구원받을 수 있다는 것이 확실하다. 구원 문제에 관하여 하나님의 능력을 제한 시켜서는 안된다. 성령님께서 나이 많은 사람에게 역사하는 것처럼 어린아이의 마음에도 예수님을 나타내시는 것은 쉬운 일이다. 그러므로 어린이도 중생할 수

있으며 적당한 연령을 정하는 것은 성령님이시며 우리의 질문은 못된다"라고 했다.[62]

네번째 중요한 질문은 어린이에게 하나님의 심판과 죄 회개함 그리고 회심에 대하여 가르쳐야 하는가라는 것이 다. 이에 대해 성경은 이렇게 말한다. 즉 여호수아는 하나님의 백성들이 축복과 저주를 가르침 받기 위한 율법을 읽을 때에 어린이도 참석하게 했다는 것이다(수 8:34-35).

요엘 선지가 백성을 모아 죄를 회개하는 집회의 자리에서 어린이들을 참석하게 했던 사실을 발견하게 된다(욜 2:16-17). 또한 성경 여러 군데에서(왕하 2: 23-24, 렘 6:11-13, 겔 9:4-6) 어린이도 죄에 대해서 심판받은 사실을 말씀하고 있다.

특히 예수님께서 말씀하실 때나 가르치실 때에도 어린이들이 함께 참석한 것을 볼 수 있다(막 10:13-16, 마 14:13-21). 그 외에도 성경 여러군데에 보면 모든 사람에게는 하나의 복음만이 있다고 하셨다. 성경의 원리는 어떤 특수한 집단이나 중간 집단을 위한 말씀이 따로 있는 것이 아니라 한 복음만이 있을 뿐이다.

그렇기 때문에 성경 말씀은 어린이나 성인이나 누구에든지 똑같은 복음인 것이다. 복음은 모든 사람을 위한 것이다. 특별히 바울은 말하기를 에베소 교회의 성도들과 어린이들에게 "이는 내가 꺼리지 않고 하나님의 뜻을 다 너희에게 전하였다."(행 20:27)라고 했다. 그러나 한가지 유념해야 할 사항은 어린이들에게 복음을 들려 줄 때 하나님의 심판이나 죄를 가르치려면 현명해야만 하는데 사랑으로 복음을 심고 권고해야지 놀라게 한다거나 겁을 주는 위협적인 언사를 해서는 안된다.

앤쏘니 켑폰(Anthony Copon)은 말하기를 "어린이는 죄를 핑계하는 기술이 능숙치 못하기 때문에 어린이에게는 죄란 하나님께 불순종하는 것이라고 가르친다면 단순하게 믿는다. 어린이는 때때로 어른보다 강한 죄의 깨달음과 죄의식을 느낀다."고 했다.[63]

정말 그렇다. 어린이는 잘못된 것을 빨리 고칠 수 있고 죄를 빨리 고백하기도 한다. 그러기 때문에 어린이에게 죄와 그 심판을 설명하는 것은 어른에게 하는 것보다 훨씬 쉽다. 다만 자연스럽고 이해하기 쉽도록 설명하고 가르치는 기술이 필요할 따름이다.

다섯째 중요한 질문은 어린이가 예수님을 영접하는 것이 어른보다 더 단순하고 쉽다는 것이 사실인가라는 질문이다. 어른이 구원받기 위해서 복음을 받으려면 어린이처럼 순수하고 단순해야 한다. 그러나 어른들이 그렇게 되기란 대단히 어렵다. 그러나 어린이는 다르다.

어린이는 매우 단순하고 순수해서 어른들보다 하나님 나라에 들어가는 것이 더 쉽다고 예수님께서 말씀하셨다(마 18:3, 막10:15). 그리고 또 성경은 말씀하시기를 사람은 나이가 들수록 죄에 대해 강팍하게 된다고 했다(히 4:7, 전 12:1).

어린이를 자세히 보면 그들은 어른들보다 얼마나 다른가를 알 수 있다. 어른들은 의심이 많고 단순하지가 못하다. 그러나 어린이는 가르침을 쉽게 받으며 성령님의 인도하심으로 예수님께로 쉽게 나올 수 있다. 어린이는 순진하고 겸손하며 가르침에 쉽게 순종하는데 어른들은 어떤가? 어른은 교만하고 자기 의견대로 살고 고집대로 행한다. 그래서 성경은 "어린이와 같이 되라"고 하셨다. 예수님을 영접하기 위해서는 겸손해야 되는데 어린이는 겸손하기 때문에 성령님의 능력으로 예수님 앞으로 인도하기가 쉽다.

어른은 누구를 의지할 수도 없고 또한 힘든다. 그리고 이해하기 위해 노력을 하고 계산을 하기 때문에 구원받기 위해서는 복음을 들을 때에도 어린이와 같이 되어야만 한다. 그러나 어린이는 쉽게 의지하고 제공받는데 익숙하다. 그러기 때문에 하나님의 선물인 "영원한 생명"을 배우고 이해하고 쉽게 받아들이는 것이다. 그런가 하면 그 마음이 성령의 감동을 받기 쉽고 죄에 대한 감수성이 예민하고 마음은 부드럽다.

어른들의 마음은 강팍하고 반복된 죄 때문에 감각이 대단히 무디어져 있기 때문에 그 마음이 부드러워져야만 천국을 소유할 수 있다.

어린이도 자랄수록 마음이 강팍해져 간다. 나이가 많아질수록 죄에 대하여 무감각해 지는 것은 인정된 사실이다. 그러기 때문에 우리는 어린이들이 강팍해지기 전에 복음을 빨리 듣게 해서 예수님께로 인도해야만 한다.

어린이는 배우려고 하며 복음에 반응을 보이는 가장 좋은 시기이다. 그러기에 복음을 들을 기회만 준다면 그들은 구원의 복음을 듣고 즉각 반응을 보이며 주님께로 나아올 것이다. 어린이 지도자들의 공통적인 견해는 어린이 시절에 교회에

다닌 사람이 어른이 되어서도 변함없이 그리스도인의 생활을 한다는 사실이다.64)

스펄전(C.H. Spurgeon)목사는 "예수님을 믿을 수 있는 가능성도 어른보다 어린이에게 더 많다."고 했고, 토리(R.A. Torry) 목사는 "세계에서 가장 쉬운 교육은 어린이 나이 5-10세 사이에 예수님께로 인도하는 일이다. 어린이 나이 10-15세 때는 조금 나을 것이다. 그러나 20-25세 청년을 인도하기는 훨씬 어렵다. 어린 나이에 예수님을 영접시키는 것이 가장 교육적인 효과를 얻을 수 있고 만족스럽다."라고 했으며, 페티 브리지(W. Pethy Bridge)목사는 "어린이를 속히 구원시키는 것이 하나님의 뜻이다"라고 했다.65)

먼저된 그리스도인은 분명히 어린이가 청년이 되기 전에 복음을 전해야 하며, 사탄의 권세 아래 놓이기 전에 복음으로 무장시켜야 한다.

그러기 때문에 어린이에게 관심을 가지고 어린이들을 더 이해하도록 노력하며 이를 위해 헌신해야 할 것이다.

3. 훌륭한 영적 지도자들의 견해

"이와 같이 소자 중에 하나라도 잃어지는 것은 하늘에 계신 너희 아버지의 뜻이 아니니라"(마 18:14)

어린이가 자기의 죄를 깨달을 때 예수 그리스도가 자기의 죄를 위해 십자가에서 돌아가셨다는 사실을 믿고 죄를 회개하며 단순하게 그 마음에 예수님을 영접해야 구원 받을 수 있다.

이러한 가능성의 근거에 대해 교회 역사에서 존경할만한 신앙의 선배들의 어린이 전도의 가능성과 구원받음의 경험적 견해를 통해 찾아보려고 한다.

① 성경 주석가 메튜 헨리(Mattew Henry)는 9살 때 구원을 받았다고 간증했다.

② 유명한 복음주의 설교가인 죠나단 에드워드(Johnathan Edwards)는 7살 때 구원받았다고 간증했다.

③ 유명한 찬송 작가인 아이삭 왓쓰(Isaac Watts)는 9살 때 구원받았다고 간증했다.

④ 청교도 설교가로 유명한 리챠드 박스터(Richard Baxter)는 6살 때 구원받았다고 간증했다.

⑤ 순교자 폴리갑(Poly Carp)은 9살 때 구원받았다고 간증했다.

⑥ 평신도 저술가로 유명한 화란의 코리텐 붐(Corrie ten Boom)은 5살 때 구원받았다고 간증했다.

⑦ 무디(D.L. Moody)는 "오늘날 교회는 어린이 중생의 문제에 대해 무관심하다. 소수의 지도자들만이 어린이의 중생이 가능하다고 하는데 앞으로는 어린이 중생문제에 관심을 가져야 한다"라고 했다.66)

⑧ 스펄젼(C. Spurgeon)목사는 "5살된 어린이도 복음을 잘

그렇게 말해서가 아니다. 하나님의 말씀
에 그렇게 명령되어 있기 때문에 어린이
들에게 전도해야 한다고 알려주는 것이
다

가르쳐 주고 양육하면 성인처럼 구원받을 수 있다. 교인들 중
에 어린 시절에 구원받은 자는 가장 모범적이고 최상의 그리
스도인이 된다."고 했다.

⑨ 스테판 울포드(Stephen Olford) 목사는 "나는 7살 때에
구원받았다. 20세 이전에 중생의 체험을 가지면 인생에 실패
율이 없다."라고 강조했다.

⑩ 머레이 맥킨(R. Marray Mccheyne) 목사는 "젊었을 때에
예수님을 영접하는 것이 가장 좋다. 나이가 들수록 세상에 찌
들어 매사를 신중하게 지혜로 판단한다. 청년의 때에 구원받
지 못했다면 몇배의 힘이 든다. 어릴 때는 구원받을 수 잇는
가장 좋은 기회이다."라고 강조했다.

⑪ 헨리 부쉬(Henry Bosch) 목사는 "어린이가 감수성이 예민
하고 순수할 때에 목사님이나 교사의 가르침을 전적으로 받아
들인다. 어린 새싹은 싱싱히 자라며 앞길이 유망하다. 상처투
성이의 성인보다는 어린이를 주 앞으로 인도하라."고 했다.

⑫ 빌리 그래함(Billy Graham) 목사는 "나의 아내와 딸은 4
살 때 구원받았다. 복음은 교육받은 성인이나 어린이에게도
꼭 같은 역할을 한다. 예수님은 어린이에게 특별한 사랑을 보
였다. 어린이 전도가 미래를 위한 가장 큰 투자이다. 지금 곧
어린이를 예수님께 인도하자."라고 강조했다.[67]

⑬ 엘바 마일즈(Elva Miles) 목사는 "어린이가 옳고 그른
것을 분별하게 된 후에 그들을 주님께로 데려오지 않게 되면
그들은 잃어지게 될 것이라는 것을 알아야 한다."라고 말했
다.[68]

⑭ 클레어런쓰 벤슨(Clarence Benson)은 "어린이 시기는 어느 누구의 생활 속에서도 값을 주고 못사는 소중한 시기이다. 마치 토기장이의 손안에 있는 진흙과도 같이 후년의 생활을 아름답고 유용하게 만들 수 있도록 인격을 도야하고 성격을 형성시킬 수 있는 감수성이 많은 조형적 시기(Plastic Years)인 것이다."라고 말했다.[69]

⑮ 톰슨(E.V. Tomson)은 "기독교 교육에서 그리스도의 십자가의 중요성을 어린이에게 강조하고 있는 것은 매우 타당한 일이다"라고 했다.[70]

① 이거(G.B. Euger)는 "누군가가 무엇을 어떻게 해야 되는지를 말해 주기만 한다면 수많은 사람들이 어린이들을 그리스도께로 인도할 수 있을 것이고 또 실제로 인도할 것이라고 나는 확신하다."라고 강조했다.[71]

② 폴 루드(Foul Rood) 박사는 "만일 내가 20명의 어른들을 상대하면 보통 한 사람을 그리스도께 인도할 수 있다. 그러나 20명의 어른들을 상대하면 보통 한 사람을 그리스도께 인도할 수 있다. 그러나 20명의 어린이들을 상대하면 그 중 19명은 그리스도를 영접하게 된다. 만일 나에게 다시 살 수 있는 생애가 주어진다면 어린이 전도를 위해 바치겠다"라고 고백했다.[72]

③ 국제 어린이 전도협회 창시자인 오버훌쳐(J.Irvin. Overholzer) 목사는 "우리가 그렇게 말해서가 아니라 하나님의 말씀에 그렇게 명령되어 있기 때문에 어린이들에게 전도해야 한다고 알려주는 것이 나의 책임이다"라고 강조했다.[73]

제 **4** 장
어린이 전도의 원리

"내가 그리스도와 함께 십자가에 못박혔나니
그런즉 이제는 내가 산 것이 아니요
오직 내 안에 그리스도께서 사신 것이라
이제 내가 육체 가운데 사는 것은
나를 사랑하사 나를 위하여 자기 몸을 버리신
하나님의 아들을 믿는 믿음 안에서 사는 것이라"

(갈 2:20)

† 교사의 목표

사랑하는 주님,
내가 어린이를 가르치게 되는
면류관만 나는 바랍니다.
지혜로운 자들이나,
훌륭하고 높은 자들 사이에 사는 것보다,
주님 저는 어린이의 손을 붙들고
천국문에 들어가는 것만을 바랍니다.

1. 중요성

"또 누구든지 내 이름으로 이런 어린 아이 하나를 영접하면 곧 나를 영접함이니 누구든지 나를 믿는 이 소자 중 하나를 실족케 하면 차라리 연자 맷돌을 그 목에 달리우고 깊은 바다에 빠뜨리우는 것이 나으니라"(마 18:5,6)

하나님께서 사람을 만드실 때에 그 코에 생기(생명의 숨)을 불어 넣으셨기 때문에(창 2:7) 숨쉬는 모든 사람은 남녀노유를 막론하고 그 속에 영원한 영혼(Living Soul)을 가지고 있다. 어린이도 누구나 머리를 가지고 있는 것처럼 영혼을 가지고 있다. 이 지구상에는 지금도 수억의 어린이가 살고 있는 것을 볼 때에 그들에게도 전도가 필요한 것이다.

한 영혼이 온 세상보다 더욱 가치가 있는 존재이기에(막 8:36) 어린이들의 영혼을 주께로 인도하는 것은 마땅한 것이다. 예수님께서 머리에 손을 얹고 팔로 안아주실 정도로 어린이 하나를 귀하게 그리고 가치있는 존재로 보셨고 또한 어른들만 아니라 어린이도 예수님이 필요하며 예수님께는 어린이도 필요하다는 사실을 보여주신 것이다(막 10:13).

예수께서는 어미 닭이 하는 것처럼 어린이들도 당신의 사랑의 품속으로 모이기를 원하고 계신다(막 23:37). 보호와 축복이 어린이들에게도 필요하며 또한 이를 준비하신 예수님께 어린이가 오는 것은 필요한 것이다. 어른들과 같이 어린이들이 깃들이는 날개 밑은 오직 예수님 뿐이다.

갓난 어린이도 태어나는 것과 같이 언젠가는 다 죽게 되었고 하나님의 심판대 앞에 서게 될 것이다(히 9:27). 그렇기 때문에 그들도 복음으로 구원시켜 하나님의 사랑을 받게 한다는 것은 대단히 소중하고 귀중한 일이다. 어린이가 예수님을 믿게 될 때에 그들의 이름도 생명책에 기록이 될 것이고 그들은 일평생을 하나님을 위하여 살 수 있고 섬기게 될 것이다.

잠 29:18에 "꿈이 없는 백성은 망하리라."고 하셨는데 과연 어린이들에게 우리가 무슨 꿈을 가지도록 해야 하는가? 어려서 예수님을 만나고 믿게 되면 주님께 그 생애를 드리게 되고 일평생 영생의 꿈을 가지고 살게 될 것이다. 그러기 때문에 세상에서 가장 큰 사역은 어린이들에게 복음을 들려주고 구원의 길을 선포하는 것이다.[74]

어린이들은 아주 쉽게 주께로 인도되며 구원의 체험을 오래 간직한다. 어른들이 그리스도에 대한 체험이 없이 자라서 생애가 구부러지게 되었을 때 주께로 인도하는 것보다 어린이를 주께로 인도하는 것이 훨씬 더 쉽다.

주님의 지상 명령 속에는 어린이도 포함되어 있으며 어린이 전도의 필요성을 강조하는 구절이라 할 수 있다(마 18:18-20). 만일 어린이 전도의 필요성에 의심이 든다면 신구약 성경을 통해 말씀하시는 어린이에 대한 기록을 살펴보아야 한다. 그러면 어린이 전도에 도전이 되는 말씀을 찾고 확신을 갖게될 것이다. 어린이 전도는 곧 하나님으로부터의 소명이며 하나님의 뜻이다(마 18:14).

이제 더 구체적으로 어린이 전도의 이유를 살펴보자.

① 어린이 전도는 모든 그리스도인들을 향하신. 하나님의 명령이다(마 18:19-20). 이 명령의 범위는 모든 사람이 포함된다. 마가복음 16:15에도 온 천하만민에게 복음을 전파하라고 하신 이 전도의 명령은 모든 신자에게 초점이 맞춰지고 있다. 누군가가 다른 사람을 그리스도에게 인도하는데 도움이 안된다면 그는 곧 그리스도의 명령을 지키지 않는 사람이 된다.[75] 예수님께서도 어린이들에게 많은 관심을 가지고 계셨다(마 18:1-4, 막 10:13-16, 눅 18:15-17).

② 어린이 시절이 복음화의 가장 소중하고 적절한 기회이다. 어린이의 "책임인식의 나이"(Age of accountability)에 도달했을 때에는 이미 그는 잃어버려진 영혼이라는 사실을 알 수 있고 구원을 받을 수 있다고 스펄전이 말했다. 크레어렌스 벤슨(Clarence Benson)은 "어린이 시기는 조형적 시기(Plastic Years)"라고 말했다.[76] 한 사람의 성인을 구원시키면 한 사람만 구원시킨 것이나 한 어린이를 구원시키면 그의 영혼과 더불어 그의 한 평생을 구원시키는 것이다. 주님을 믿게 된 어린이는 그의 전 생애를 하나님을 위해 섬길 기회가 주어진 것이다. 단지 그 영혼만이 구원받은 것 뿐만 아니라 하나님과 인간을 향한 섬김의 삶이 보존되는 것이다.

집시 스미스(Gypsy Smith)는 "장년 하나를 구원하면 숫자 하나를 구한 셈이지만 한 소년을 구원하면 구구단 숫자 전부를 얻은 셈이다"라고 말했다.[77]

어린이는 내일의 주인공이 아니라 바로 오늘 교회의 일원

그런고로 교육과 전도는 한 뿌리에서 나
온 두개의 순이다

이 되어야 하고 또 그렇게 인정해야만 한다. 그렇게 할 때에
우리의 미래 교회가 더욱 든든해질 수 있다.

③ 어린이의 영적 상태가 이를 필요로 한다. 성경은 어린
이도 죄인이라고 가르치고 있다(롬 3:10,23). 그러기 때문에
예수님을 영접하지 않으면 그도 영원히 잃어지게 될 것이며
어린이도 육에 속해 있으면(그리스도 없이는) 영적 진리(구원
의 복음, 영생의 축복 등)를 이해할 수 없다. 어른들이 하나님
의 사랑을 경험하고 죄의 인식과 그 용서를 받아들여야 하는
것처럼 어린이들도 역시 그것이 필요한 것이다. 예수님은 어
른과 어린이 모두의 구세주이시며 모두에게 구세주가 필요하
다.

④ 예수님께서 취하신 태도가 분명하다. 제자들은 어린이
들이 예수님께 나아 오는 것을 가로막고 나섰으나 예수님은
그들을 보시고 화를 내셨으며 "어린이들이 내게 오는 것을
용납하고 금하지 말라"고 하셨다(막 10:14). 예수님께서 어린
이들이 필요하다고 말씀하시고 인도해 올 것을 허락하셨고
환영하신다면 그 누가 감히 막을 수 있겠는가?

⑤ 어린이가 주님께 돌아올 때에 하나님께 영광이 된다(눅
15:10). 죄인 하나가(어린이 하나라도) 주께 돌아오면 그것이
하나님께서 가장 기뻐하시는 것이다.

예수님은 제자들에게 열매를 맺도록 권고하셨다(요
15:1-8). 열매를 맺는 것은 하나님께 영광을 돌리는 것이니 이
는 곧 사람들을 그리스도께로 인도하는 것으로 적용될 수 있
다. 어떤 방법으로든 전도활동은 수행되어야 하며 이것이 하

나님을 영화롭게 하는 최선일 것이다.

교회 교육이 전도를 필요로 하는 것처럼 전도도 교회 교육을 필요로 한다. 교회 교육이 단순한 형식적인 지식 습득으로 되는 것을 견제하기 위해서는 복음적이어야 하며 다른 한편 교육적이어야 한다. 그런고로 교육과 전도는 한 뿌리에서 나온 두개의 순이다.

이처럼 전도가 중요하다는 것을 인식하고 교육의 현장에서도 전도가 실시되도록 아니, 병행되도록 해야한다. 마태복음 18:1-14은 어린이 전도의 중요성을 강조한 최고봉과 같은 말씀이다. 여기에서 예수님께로부터 친히 어린이들을 겸손의 모범으로 소개되었다. 곧 어른들의 모델이다. 그러기에 실족케 되어서도 안되고 업신여김을 당해서도 안되며 그들이 잃어져 있는 것은 더구나 하나님의 뜻이 아니다.

2. 목적

"너희가 넉 달이 지나야 추수할 때가 이르겠다 하지 아니하느냐 내가 너희에게 이르노니 눈을 들어 밭을 보라. 희여져 추수하게 되었도다" (요 4:35)

많은 사람들은 어린이 전도의 목적을 어린이 영혼 구원이라고 쉽게 이야기한다. 그러나 그렇게 단순한 것만은 아니다.

물론 죄인이 회개하며 구원을 얻게 되는 것이 전도의 목적이
기는 하지만 거기에는 여러가지 목적이 복합적으로 수반되어
있는 것은 사실이다.

(1) 일반적인 목적

가. 개인 구원의 의미로서의 목적

어린이도 하나님의 사랑의 대상이며 용서받아야 할 죄인이
며 구원받아야 할 인격체이다. 그러기에 어린이도 예수 그리
스도가 필요하고 그의 죽으심과 부활하심의 복음을 믿음으로
영생을 얻어야만 한다.

어린이 전도의 목적은 어린이를 그리스도에게 인도하는 것
즉, 예수님을 영접하고 개인적으로 구원받게 하는 것이 가장
기본이다. 그러나 사람들은 단순히 교회로 데리고 오는 것을
전도라고 생각하는 예가 많다. 지도자들도 그렇게 가르치기
도 하는 예도 있다. 그러나 분명한 사실은 교회로 데리고 오
는 것은 인도는 될지 모르나 전도는 아니다.

안드레가 그의 형제 베드로를 데리고 온 것은 안드레식 전
도라고 하는데 안드레가 한 일은 베드로가 예수님의 설교를
듣도록 회당에 인도해 온 것이 아니라 자기가 만나 메시야를
그에게 소개해서 예수님을 만나게 해준 것이다(요 1:40-41).
안드레는 단순히 인도한 것이 아니라 전도한 것이기 때문에
흔히들 교회에서 말하는 안드레식 전도와는 구별되어야 한다.

그런고로 전도의 과정에서 영혼 구원의 목적을 분명히 가지고 실시하는 진정한 복음 전파가 없다면 그것은 전도의 목적이 아니라 단순한 인도로 그칠 것이다.[78]

"복음을 전도하는 것은 성령의 능력 안에서 예수 그리스도를 통하여 하나님을 믿도록 하고 예수 그리스도를 그들의 구세주로 받아들이도록 하여 그의 교회의 친교 속에서 예수 그리스도를 그들의 왕으로 섬기도록 하는 일이다"라는 정의는 전도의 목적이 개인의 영혼 구원이 우선임을 잘 말해주는 것이다.[79]

예수님은 제자들에게 사람들을 모임의 자리에만 데리고 나오라는 식의 말씀을 하신 것이 아니라 주님이 증인이 되라고 하셨다. 예수님은 또한 적극적으로 다니면서 복음을 전파하라고 하셨으며(막 16:15), 그리스도의 제자로 삼으라고 하셨다(마 28:19). 그러므로 교회로 나오는 것만으로 전도를 대체하는 것은 지상명령을 희석시키는 커다란 오류이다(행 1:8).

전도는 문자 그대로 그 영혼을 구원할 자세로 복음을 전하는 것이 그 목적이어야 한다. 그러기 때문에 자신이 믿는 예수 그리스도를 본 그대로 증거하고(요일 1:3), 그 마음속에 있는 "영생의 소망"을 분명하게 대답하고 제시해야 된다(벧전 3:15).

전도는, 개개인이 예수를 믿고서 구원을 받아야 하기 때문에 그런 목적으로 반드시 시행해야 한다. 왜냐하면 예수를 믿고 안 믿고는 그 사람이 죽고 사는 것의 문제이기 때문이다.

나. 먼저 된 그리스도인의 응답으로서의 목적

"눈을 들어 밭을 보라 희어져 추수하게 되었도다"(요 4:35)라고 하신 예수님의 말씀과 그 교훈은 무슨 의미가 있는가?

수많은 어린이들이 선한 목자되신 예수님을 모르고 방황하고 있다. 우리 안에 들어 있는 양만 목자의 양이 아니라 우리 밖의 양도 비록 잃어져 있기는 해도 역시 목자의 양이다. 들어온 양만이 아니라 잃은 양, 그것도 길잃은 어린 양, 그도 분명 목자의 목양 대상 일진데 목양을 논할 때 과연 얼마나 어린양의 복음화를 주의깊게 그리고 비중있게 다루고 있는가?

큰 양만 필요한 것이 아니라 목장에는 어린 양도 있어야 되듯이 길잃은 어린 양과 같은 그리스도 밖에 있는 어린이 전도도 분명 목회 전략에 포함시켜야 할 것이다.

어린이 복음화에 있어서 가장 중요한 것 중의 하나는 모든 어린이들이 죄악 중에 태어나서 죄안에서 잃어버린 바 되었다는 것, 그러나 하나님의 아들 예수 그리스도께서 모든 사람들을 향하신 하나님의 사랑을 나타내시면서 죄인들을 위하여 죽으시고 살아 나셨다는 것, 그러기에 어린이도 기어코 전도되어야만 한다는 것이 어린이 복음화의 목적 그것이다.[80]

고전 5:10-21을 중심으로 그 몇가지를 살펴보기로 한다.

① 우리는 잃어버린 바 된 저희들의 운명에 주의를 기울여야 한다(11절). 먼저 믿는 우리가 잃어버린 바 된 자들을 복음화해야할 책임과 의무를 지고 있다는 측면에서 볼 때에 그

잃어버린 바 된 자들과 관련해서 우리는 주님을 두려워 해야할 이유가 있다. 그들의 운명이 단순히 천국에서 하나님과 함께 할 수 없다는 것보다 훨씬 더 심각한 것이기 때문이다.

그들은 하나님의 진노 아래 있다(히 10:31, 12:29, 유 23). 잃어버린 바 된 상태는 천국이 없을 뿐 아니라 거기에는 영원한 고통이 작정되어 있다(눅 16:24). 이런 이유로 인하여 두려움으로 어린이들에게 나아가며 복음화를 위한 전도를 해야할 것이다.[81]

잃어버려진 상태에 있는 어린이가 구원받는 유일한 길은 십자가 위에서 완성하신 주 예수 그리스도의 사역(복음)을 믿는 것이라는 확신을 가지고 그들을 찾으시는 주님의 심정으로 잃어버린 바 된 그들의 운명을 보고 나아가며 찾는 그것이 어린이 전도의 참 목적인 것이다.

② 우리는 그리스도의 사랑의 강권함을 받아야 한다(14절). 영혼을 구원하게 강권하는 사랑이 우리를 향한 그리스도의 사랑이라는 중요한 사실에 주의를 기울여야 한다. 우리는 그리스도의 사랑을 주시할 때 그 사랑을 인하여 우리는 영혼이 죽어있는 어린이들을 만나도록 강권함을 받은 것이다. 어린이에게 접근하는 목적이 올바르려면 우리에게 향하신 그리스도의 사랑에 의해서 움직여야 한다.[82]

③ 우리의 생애는 주님을 위한 삶 자체이어야 한다(15절). 우리가 더 이상 자신을 위해 살지 않고 우리를 위해 죽어 주시고 죽은 자 가운데서 살아나신 주님을 위해 산다는 것이 곧 영적으로 죽었던 사람이 예수 그리스도를 믿음으로 영생

을 소유하고 난 이후의 주님께 영광돌리는 고백이다.

개인적인 이익이 아니라 그리스도를 위해 살기를 구하는 것 즉, 주님에게 순종하는 삶을 살므로서만 죽어 있는 그 어린이들에게 복음을 전해 줄 수 있는 것이다. 그러기 때문에 전도자는 그 목적이 올바르게 될려면 자기 중심적 생애의 무익성을 깨닫고 오직 우리의 삶은 우리를 위해 죽으시고 다시 살아나신 그분의 다스리심 아래에 있음으로 어린이에게 나아가는 그 희생이 곧 주님을 위해 살아가는 삶 자체라는 인식이 분명해야 되는 것이다.

④ 새로운 피조물에 대한 감격이다(17절). "그런즉 누구든지 그리스도 안에 있으면 새로운 피조물이라…" 그리스도인은 두려움과 공포와 그리고 영원한 분리로부터 새로운 위치로 옮겨졌다. 무시무시한 절망의 상태에서부터 그리스도 안에 있는 새 삶으로 향한 극적인 전환을 깨닫는 것이 잃어버려진 어린이들에게 접근하는 기본적 목적이자 이유가 되어야 한다.

자신이 잃어버린 바 되고 희망이 없는 죄인의 상태를 이해하면 할수록 한 사람이 그리스도 안에서 새 생명을 얻는 것을 보게 되는 기쁨은 더욱 더 커지게 될 것이다. 따라서 죄인이 절망적인 심연에서 구출받아 위대한 반석 예수 그리스도에게로 옮겨지는 장면을 보려고 하는 목적을 더욱 더 증진시켜 줄 것이다.[83]

새로운 탄생은 천국으로 향하고 있는 사람보다 더 멋진 순간이다. 거듭난 어린이는 완전히 새롭게 만들어지는 것이다.

거듭난 어린이는 하나님의 원수요 사탄의 자녀였던 존재에서 하나님의 자녀로서 그리스도와 그의 지체로 변화되는 것이다. 그는 만 왕의 왕이신 그리스도와 함께 후사가 된 것이다.

자신이 먼저 된 새 피조물로서의 감격을 가지고 어린이들도 이 세상으로부터 하나님의 사랑하시는 아들의 왕국으로 옮겨지는 새로운 피조물된 모습을 보는 보람, 그것이야말로 어린이들에게 복음으로 접근하는 가장 크고 멋진 가슴 설레는 목적이 아니겠는가!

(2) 선교 전략적 차원에서의 목적

불신으로 죽어가고 예수 없이 파멸로 치닫고 있는 이 사회와 세계의 복음화야 말로 가장 긴급한 일이요 중요한 일이다. 이 땅에 하나님 나라가 이루어지도록 하기 위해서 복음 전도는 꼭 해야만 한다.[84] 복음화 전략에서 어린이 전도는 어떻게 받아들이고 이해해야 할 것인가?

작은 나무가 커서 큰 재목이 되는 것처럼 오늘의 어린이가 예수님을 만나 하나님의 사람이 되면 그는 하나님의 사람으로서의 생을 시작한 것이 된다. 어린이 전도는 선교의 가장 기본 전략이다. 그 이유는 작은 고기로 큰고기를 낚아 올리는 원리이기 때문이며 어린이 복음화가 곧 민족 복음화의 첩경이기 때문이다. 성인 복음화의 첫 걸음은 곧 어린이 복음화이다.

선교의 대상에서 어린이도 예외일 수는 결코 없는 것이다. 모든 인류가 구원의 소식을 듣게 하는 것이 우리 그리스도인의 관심과 선교적 부담이라면 어린이들에게도 이 구원의 소식을 전해야 할 목적을 포함시키는 것은 조금도 이상하지 않고 지극히 당연한 것이다.

사람이 사는 곳에는 어린이가 먼저 눈에 띄게 되고 어느 선교지에서든지 제일 먼저 손쉽게 만나고 대하는 대상은 역시 어린이이다. 그러기에 어린이 전도는 어른들의 세계로 들어가는 대문의 문빗장을 여는 것과 같고 성인들을 만나는 징검다리와도 같다. 어린이를 통해서 어른들이 주님 앞으로 돌아오는 예가 얼마나 많은가!

어린이를 통해서 어른들을 전도하는 원리가 바로 가장 확실한 전략일 것이다. 가장 손쉽고, 가장 확실하고, 가장 결실이 많은 선교는 곧 어린이 전도이다.

세계 선교 사상 그 유래를 찾아보기 어려울 정도로 경이적인 성장을 거듭하여 인구의 1/4을 차지할 만큼 괄목할만한 성장을 가져온 한국 교회의 부흥도 "다음 세대를 돌보지 않으면 현재의 종교적 부흥은 당대에 끝나버릴 것이다."[85] 어린이 전도가 없는 성인 선교는 다만 한 세대적이며 복음의 역사성을 상실하게 되는 것이다(욜 1:3).

유대교, 이슬람교, 로마 카톨릭, 불교, 기타 이단들의 극성스런 팽창 활동과 치열한 어린이 탈취 전에 방심한 채로 있다으면 다음 세대의 기독교 역사의 결과는 명약관화하다.

하나님 없이도 돈만 있으면 행복할 수 있다는 성인들의 잘못된 경제관, 여과없이 답습되는 어린이들의 의식 구조, 비기독교적 이단 사이비 종파들의 갖은 수단을 다 동원한 세력 확장에 말려드는 안타까운 현실, 과학이 바벨탑이 된 문화적 이질 현상, 날로 심각해져가는 사회악의 오염과 부패 현상, 이 모든 것에 그대로 노출되어 있는 어린이들의 모습을 돌아보아야 하지 않겠는가? 그들을 외면한다면 내일의 교회와 민족과 세계는 과연 어떻게 될 것인가?

빈 그릇 같은 어린이들의 마음 속에 하나님의 말씀을 담아야 한다. 하나님의 말씀은 죄악과 싸워이기는 유일한 무기이며, 갈길을 분명히 비춰주는 빛이요 등불이며, 하나님의 사람되게 하고 하나님의 사람다워지게 하는 원동력이다(히 4:12, 시 119:105, 눅 24:32).

그들의 마음 속에 사람을 사람답게, 세상을 세상답게 만들며 그리고 삶을 삶답게 해주는 사랑을 심어야 한다. 사랑의 실천적 근거가 되는 목자의 사랑을 들려주고, 알게 하고, 가슴에 품도록 해야한다(롬 5:8, 요 21:15, 마 18:12-14).

그들의 마음에 예수 그리스도를 소유케(모시게)해야 한다. 예수 그리스도는 오직 유일한 생명과 구원의 주이시며, 예수 그리스도는 삶과 모든 것의 주인이시며, 예수 그리스도는 인생과 일의 최종적인 목적이시다(요 14:6, 마 16:16, 갈 1:24).

다른 모든 것들이 어린이들의 마음을 점유하기 전에 생명의 복음으로 채워야 할 것이다. 어린이 전도는 가능한 정도가 아니라 가장 결실이 많은 선교지이다. 다시 한번 하나님의 선교적 사명을 일깨우는 경고를 되새겨야 한다. "마땅히 해야 할 길을 아이에게 가르치라. 그리하면 늙어도 그것을 떠나지 아니하리라"(잠 22:6).

이상에서 살펴 보았듯이 교회는 여러가지 목적으로 어린이 전도를 실시하게 된다. 그것은 곧 실제적인 목적이라 할 수 있다. 더 나아가 중요하게 생각해야 되는 것은 전도의 목적이 신학적으로 바로 정립되어야 바람직한 전도 방법이 수립될 수 있다.[86]

(3) 신학적인 입장에서의 목적

전도의 가장 고상하고 궁극적인 목적은 인간의 행복도 아니요 외적인 축복도 아니며 "하나님의 영광"이다.[87]

① 전도의 궁극적인 목적인 하나님께 영광 돌림에 대하여 말씀하신 성경 구절을 많이 찾아볼 수 있다(롬 11:36, 요 17:18,24, 롬 16:25, 고전 15:28). 주님은 인간의 구원을 하나님께 영광 돌리는 목적을 위한 방편으로 간주하셨다(요 17;4). 바울도 그리스도의 높아지심에 대해 말하기를 그리스도의 주 되심에 대한 보편적인 인식이 "하나님 아버지께 영광이 될 것"임을 주장했다(빌 2:11).

② 전도의 궁극적 목적은 하나님 나라의 도래이다. 예수님께서 전한 복음은 "천국 복음"이라고 뜻있게 표현되어 있다(마 4:23). 복음 전도의 중요한 목적은 죄인들의 회심과 그들의 수가 교회에 더하게 하므로 "교회성장"을 가져오고 그리

스도의 은혜의 왕국을 확장하는 것이다. 그리스도는 천국의 복음이 모든 나라에 모든 족속에게 전해질 때까지 재림하시지 않으시므로(마 24:14) 복음전도는 그리스도의 영광의 왕국의 날을 재촉하는 것이다.88)

하나님이 인정하시는 전체주의의 통치자가 되시는 "만주의 주시요 만왕의 왕"이신(계 17:4) "교회의 머리되신"(골 1:18) 그리스도께서 모든 사람과 국가, 모든 인간과 국가의 모든 생활을 통치하실 권위를 가지고 다스리시는 그 나라가 속히 임하기를 고대한다.

어린이들까지도 이를 인정하고 그 지배하심을 받으며 주가 되시고 머리되신 예수 그리스도께 속할 수 있도록 전도해야 하는 것이 그 궁극적인 목적이다. 주님의 전체주의적 왕권에 대한 보편적인 인식이 복음전도의 본질적인 목적이다.89)

(4) 교회 성장의 의미로서의 목적

복음 전도는 그리스도인에게 있어서 주님의 지상 명령이므로 교회의 첫번째 사명이다. 교회 성장의 내적 요소인 설교, 시설, 교육, 행정력, 지도력, 열정이 다 필요하지만 교회 성장에 가장 필요한 중요 요건은 전도에 총력을 집중하는 것이다. 교회의 존재 가치는 전도에 있는 것이다. 전도는 땅위에 세워진 하나님의 교회가 할 첫째 사명이요 교회 존재의 의미가 되기도 한다.

> 만약에 큰 양만 있고 어린 양이 없다면
> 그 목장의 장래는 어떻게 될 것인가? 어
> 른만 있고 자녀가 없는 가정의 내일과
> 같을 것이다

교회를 하나의 목장이라고 하면 그 목장 안에는 큰 양도 있을 것이고 어린 양도 있을 것이다. 그런데 만약에 큰 양만 있고 어린 양이 없다면 그 목장의 장래 모습은 어떻게 될 것인가? 어른만 있고 자녀가 없는 가정의 내일과 같을 것이다.

모든 계층이 골고루 있는 목장, 골고른 연령층이 다 모인 가정 그리고 내 외적으로 온전하고 구비된 모습을 갖추어 있을 때의 그 교회도 비로소 성장하는 교회라 할 수 있을 것이다.

그렇기 때문에 성경이 말씀하시는 교회의 성장은 어느 계층이나 한 부분에 편중된 내외적인 모습이나 갖춤이 아니라 어린이(어린 양)부터 시작하여 어른(큰 양)까지 골고루 구성된 외적인 증가와 하나님이 기뻐하시고 영광을 받으심으로 하나님의 뜻을 이루어 교회적 사명을 다하는 질적이고 내적인 성숙이 겸비된 것이다(행 9:31).

질적이든 양적이든 간에 교회 성장을 논할 때 어린이를 제외한다는 것은 성경적이 아니다. 교회 성장과 그 전략을 논할 때 결코 간과되어서는 안될 것이 곧 어린이 자체요 어린이 전도이다.

교회 성장에 있어서 어린이 전도는 어떤 의미가 있는가?

① 효율성

토레이(R.A. Torrey) 목사는 "세계에서 가장 쉬운 교육은 어린이 나이 5-10세 사이에 예수님께 인도하는 일이다. 그러기 때문에 어린 나이에 예수님을 영접시키는 것이 가장 효과적이고 만족스럽다"라고 했다.[90] 폴 루드(Paul Rood) 박사는

"만일 내가 20명의 어린이를 상대하면 그 중에 19명이 그리스도를 영접한다. 그러기 때문에 내가 만일 다시 살 생명를 갖게 된다면 나는 그 생애를 어린이 전도에 쏟겠다"라고 했다.91)

세계에서 가장 결실이 많은 선교지가 곧 어린이들이다. 하나님께서 어른을 전도해서 구원하면 "하나"라고 하시고 어린이를 전도해서 구원하면 "반쪽"이라고 하지 않으신다. 다같이 하나다. 어린이 구원은 오히려 그 영혼과 그 생애까지 주님께로 이끌어 내는 것이 된다.

어린이도 똑 같은 "하나"의 숫자요, "존재"라면 그보다 더 효과적인 교회 성장이 어디있단 말인가? 이 세상에서 가장 열매가 많이 열리는 선교의 밭은 어떤 특정한 장소가 아니다. 특정한 나라도 아니다. 그것은 바로 어떤 연령층의 사람 즉, 어린이들이다.

② 수용성

복음을 수용한다는 것은 사람마다 사회마다 그 차이를 가지고 있다. 예수님이 씨 뿌리는 비유에서 말씀하셨듯이(마 13:18-23) 사람의 마음은 전부 옥토가 아니기 때문에 복음의 수용에 있어서 차이가 난다.

길가밭, 돌밭, 그리고 가시떨기 밭과 같은 마음보다는 옥토에 뿌려야 되지 않겠는가? 수용성의 차원에서 보면 지역, 인종, 사회, 시대에 따라 다양하기는 해도 인생의 시기 중에서 청년기나 장년기보다는 아동기가 더 수용적임을 우리는 아는 바이다.

맥가브란(Megavran)은 말하기를 "기독교 가정에서 자란 젊은이는 보통 20세보다는 12세에 예수 그리스도를 받아들일 준비가 더 되어 있다."라고 했다. 어린이는 단순하고 배우는 데 열심이고 즐겨하기 때문에 복음의 내용에 쉽게 매혹되며 쉽게 반응을 보이고 받아 들인다.92) 이토록 쉽게 받아들이는 옥토같은 어린이들에게 전도한다는 것은 얼마나 흥미있고 교회 성장의 장기적 안목에서 고무적인지 모른다.

주일학교의 어린이가 구원받고 제대로 성장한다면 그들은 늦어도 10년 후에는 소중한 일군이 되는 것이다. 우리는 길밭, 돌밭, 가시떨기밭에다 무모한 방법으로 교회의 여력을 낭비할 것이 아니라 옥토같은 쉬운 어린이들에게 보다 더 관심을 기울여야 할 것이다.

③ 역사성

큰 주일학교는 큰 교회를 만든다. 그 교회의 내일의 모습은 오늘의 주일학교를 통해서 볼 수 있다. 현재의 구원 역사가 주님이 다시 오시는 그 날까지 교회를 통해서 계속되어야 한다면 교회는 역사적 책임이 있다고 보는 것이다. 내일로 이어지지 않는 교회의 오늘은 역사성에 문제가 있는 교회이다. 역사는 이어져야 역사이기 때문이다.

오늘의 찬란한 교회의 문화가 내일로 이어지게 하는 방법이 무엇이겠는가? 어린이를 단순히 내일의 주인공으로만 생각하고 오늘에서 구분할 것이 아니라 오늘의 역사에서부터 시작된 내일의 주인공으로 인정하고 이어지게 해야할 것이다.

기독교 역사의 주도자들이 될 일군들은 어느날 갑자기 생겨나는 것이 아니라 그 지도력은 대부분 어린 시절에 영향을 받은 것에 의해 결정된다.

한국 교회 선교 백주년 종합 조사연구 보고서에 의하면 교역자의 38.6%가 주일학교를 통해 예수 믿게 되었다는 사실이다.[93] 어린이 전도가 교회 성장에 도움이 될 수 있는 이점은 결신율이 높으며 전도 인력 계층의 범위가 넓어 전도자를 구하기가 쉽고 성인 전도 및 교회 설립 등에 교량적 역할을 한다는 것이다.[94]

어린이 복음화는 곧 오늘의 교회 역사를 내일로 이어지게 하는 최선의 방법이다.

3. 동기

(1) 확신이다.

전도의 역학과 전도의 기원 그리고 전도의 절차 등을 아무리 빈틈없이 깨닫더라도 성취동기가 없으면 전도는 일어나지 않는다.

하나님께서 그의 아들을 통하여 복음을 주신 일이나 주 예수께서 전도를 위하여 보내시는 일들, 이와 같이 하여 죄악 가운데 있는 인생에게 구원을 주시는 일이 모두 우리에게 전도의 동기가 된다. 그러나 이런 일이 다 영적 사실에 그치고

전도의 역학과 전도의 기원 그리고 전도
의 절차 등을 아무리 빈틈없이 깨닫더라
도 성취동기가 없으면 전도는 일어나지
않는다

오늘의 생활 속에서 긴박한 의의를 나타내는 것이 아니라고
볼 때 그것은 오늘의 전도의 동기는 되지 못한다. 그러므로
우리로서 필요한 것은 그런 내용들의 "오늘의 의의"를 분명
히 하는 일이다. 오늘의 인간들이, 오늘의 생이 이 복음을 긴
급히 필요로 한다고 확신할 때 그것을 전하지 않을 수 없을
것이다.

그리고 복음의 실질적 내용인 예수 그리스도는 자신의 울
타리 안에 있는 사람들만 사랑하는 것이 아니고 울타리 밖에
있는 사람들과 잃어버린 사람들도 사랑하며 찾으신다는 각성
은 오늘날 교회의 전도의 동기가 될 것이다. 하나님께서 그의
"택하신 백성"만을 사랑하신다는 생각은 암암리에 전도의 동
기를 희박하게 해왔다. 하나님께서 만백성에게 미칠 큰 기쁨
의 좋은 소식을 만백성을 위하여 주신 일임을 생각할 때, 잃
어버린 자들을 낱낱이 사랑하신다는 확신이 오게 되고 이 확
신은 전도의 큰 동기가 될 것이다.[95]

"하나님의 만백성" 중에 속해 있는 어린이들이 잃어버려
진 상태에 있을지라도 하나님은 그들을 사랑하며 그들도 구
원받을 수 있고 구원되기를 원하고 계신다는 확신은 어린이
전도에 대한 멋진 동기가 될 것이다.

(2) 사랑이다.

복음 전도에 있어서 이기적인 동기는 경계되어져야 한다.
복음 전도는 단순한 의무감에서 행해지는 것이 아니며 의무

감에서 수행되어지는 전도는 오래 지속되지 못할 것이다.

전도의 동기는 더 높은 차원에 있어야 한다. 그것은 곧 사랑이다. 먼저 하나님을 사랑함에 있어야 한다. 전도의 궁극적인 동기는 하나님을 사랑하는 것이어야 한다. 그 동기는 다른 모든 가치있는 동기를 드러내 주고 포괄하는 전도의 동기인 것이다.[96]

주님은 베드로의 사랑을 고백받으시고 "내 양을 먹이라."고 말씀하셨다(요 21:15). 이 사명에는 베드로의 그리스도에 대한 사랑이 조건화되었다. 이는 복음을 전하는 자는 먼저 주님을 사랑하는 동기에 의해서 복음을 들고 양떼들에게로 가야한다는 것이다.

그리스도의 놀라운 사랑을 진정 아는 자는 그에게 매인 바 될 것이며 그와 밀접한 관계를 유지하며 그의 일을 위해 자신을 전적으로 헌신하게 될 것이다. 하나님과 그리스도를 향한 사랑은 신자로 하여금 만민을 복음화하라는 주님의 명령에 비로소 전적으로 순종하게 될 것이다.[97]

하나님을 향한 그의 사랑은 하나님을 믿는 신앙과 분리될 수 없으므로 그 사랑은 전도자로 하여금 낙심치 않게 하며, 핍박 중에서도 담대하게 만들며, 고난을 부끄러워 하지 않고 전적으로 헌신할 수 있다(벧전 4:6). 하나님을 향한 사랑은 전도의 동기에 있어서 가장 깊은 요소가 된다.[98]

그 다음은 이웃 사랑이다. 우리는 하나님을 사랑하기 때문에 우리의 이웃을 사랑해야 한다. 이웃을 사랑하는 것은 구원받지 못한 자에게 복음을 전하기 위한 동기에서 생겨야 한다.

주님께서는 하나님 사랑은 물론 이웃 사랑의 필요성도 강조하셨다(마 22:37-39). 선한 사마리아인 비유에서도 예수님께서는 모든 인류가 우리의 이웃이라는 사실을 가르쳐 주셨고(눅 10:29-39) 더 나아가 중생한 자들 끼리도 사랑해야 되지만 다른 한 편으로는 구원받지 못한 자, 원수까지도 사랑하고 명령하셨다(눅 6:32).

또한 바울은 유대인을 향한 전도에 있어서 가졌던 사랑이 강력하게 표현되어 있다(롬 9:1-3). 전도자는 복음을 전함에 있어서 구원받지 못한 그 이웃을 향한 사랑에 의해 전도하는 것이 그 동기가 되어야 한다.

예수님처럼(눅23:34), 스데반처럼(행 7:60) 핍박자, 원수까지도 축복하고 사랑으로 기도하는 그것이야말로 전도의 참 동기이며, 이런 동기만이 죄인된 인간들에게 복음의 제공자가 될 수 있고, 하나님 아버지의 자녀됨을 나타내는 것이며(마 5:44), 전도의 충분한 동기인 것이다.[99]

어린이 전도자는 이렇게 우리의 이웃인 어린이를 사랑함에서 출발해야 한다. 그 사랑이란 외양이나 갖춤이나 세상적 견지에서가 아니라, 주님의 심정으로 그 영혼을 바라보는 순수한 사랑이어야 된다는 것이다. 다시 말하면 하나님께서 나를 어떻게 사랑하셨는지를 늘 상기하면서 그 사랑이 그 어린이도 역시 사랑하심에는 다를 바가 없다는 인식이 있어야만 되는 것이다.

(3) 순종이다.

신약 성경의 역사는 복음전도의 역사요, 그를 위한 명령이라고 할 수 있다. 그 전도는 그리스도의 위대한 명령에서 시작되었고 그 전도 사역은 사도들과 모든 그리스도인 전도자들의 순종으로 이루어졌다.

성경을 보면 제자들은 복음 전도에 있어서 그들의 마음대로 선택할 자유가 없었다. 그 주님의 말씀은 진리였고, 그 진리는 영원하기 때문에 그의 요구와 명령은 절대적이었다. 또한 제자들은 최후 최대의 명령과 분부에 따랐고 순종할 때 그 어떤 대가도 개의치 않았고 기쁨으로 복종하여 순교까지 하게 되었다.[100]

예수님의 이 명령 하나로 말미암아 그의 제자들과 초대교회 성도들은 전도자로서의 끈질기게 전도 사역에 헌신하며 순종할 수 있었다(마 28:18-20). 예수님 자신은 하나님 아버지의 뜻에 전체적인 순종을 하심으로 복음 사역을 완성하셨고(마 26:39-42), 이러한 예수님의 순종의 자세가 곧 하나님의 구원 역사를 성취하는 동기인 것이다.

과연 어떻게 하면, 그리고 무엇이 어린이를 맡은 교사나 모든 성도들로 하여금 능동적으로, 어린이를 예수 그리스도에게로 인도하라는 말씀에 대해 단순하고도 전적인 순종의 신앙이 습관화되게 하는 것인가?

그러므로 너희는 가서
모든 족속으로 제자를 삼아 아버지와 아들과
성령의 이름으로 세례를 주고
내가 너희에게 분부한 모든 것을
가르쳐 지키게 하라
-마태복음 28:19-20상-

제 5 장
어린이 전도의 필수 요소

∴

"오직 성령이 너희에게 임하시면
너희가 권능을 받고
예루살렘과 온 유대와 땅 끝까지 이르러
내 증인이 되리라 하시니라"

(행 1:8)

✝ 고사여 뿌리세

종종 우리는 실망하네.
어리석고 짖궂은 어린이들,
한담을 좋아하는 어머니들
까다로운 아버지들,
가만히 앉아 세월만 보내면서
우리로 일 못하게 하는 식구들,
불쾌한 일 외에는 생각을 표하지 않네.
심방하지 않는다고 우리를 비평하는 이,
우리는 너무 선하다라고 잘못 생각하는 이,
우리가 너무 담대하다거나
우리가 너무 부끄러워 한다는 이들,
아무리 노력해도 도무지
비위를 맞출 수 없는 이들,
그러나 우리에게 가라고 하신 이는
아버지이시니 추수함은 그의 일이며
우리의 일은 씨를 뿌리는 것일세,
눈물로 가서 씨를 부리며
슬픔 중에 씨를 뿌리는 자는
기쁨으로 돌아오며 귀중한
곡식단을 거두고 돌아 온다네.

1. 성령

"오직 성령이 너희에게 임하시면 너희가 권능을 받고 예루살렘과 온 유대와 사마리아와 땅 끝까지 이르러 내 증인이 되리라 하시니라"(행 1:8)

전도는 하나님의 구상이며 계획이자 예고이다. 전도는 요한복음 3장 16절에서 "하나님이 세상을 이처럼 사랑하사 독생자를 주셨으니"라고 한데서부터 시작이 된 것이다. 전도는 하나님이 시작하신 일이므로 하나님의 역사이다.

전도란 교회 그리스도인들이 주최가 되어 성령의 이끄심을 받아 모든 불신자들을 만나서 기독교 복음이 무엇인지 전달하는 일이다.[101] 그러기 때문에 교사가 어린이들에게 하나님의 진리를 제시할 수는 있으나 그러나 그 진리를 전달해서 그 마음 속에 개인적으로 적용하실 수 있는 분은 오직 진리의 영이신 성령 뿐이시라는 사실을 인식해야만 한다.

사도들의 행적이 기록이 된 사도행전은 교회의 책, 전도의 책, 성령 행전이라고 불리운다. 이 말은 성령없이 교회가 있을 수 없고 전도 없이 교회가 존속할 수 없으며 교회없이 전도가 성립될 수 없다는 말이 된다.[102] 다시 말하면 교회가 성령의 강림으로 시작된 것처럼 복음 전도는 성령없이 불가능하다는 사실을 입증한 말이다. 구원의 역사에는 성령의 세례(막 1:8, 고전 12:18), 인침(엡 1:13), 내재(요 16:7), 열매(갈

5:22) 등을 들 수 있다.

특히 그 중에서 중생과 회개 그리고 구원에 관련된 성령의 역사는 복음전도 사역과 밀접한 관계에 있으며 복음 전도의 원동력이 된다.103) 복음 전도의 풍성한 열매와 함께 복음의 위대한 능력이 나타난 원동력도 역시 성령의 능력이다(행 9:35, 11:21, 13:12,48, 14:1, 16:5). 왜냐하면 하나님의 성령은 본질적으로 증거의 영이시기 때문이다.

성령은 복음 전도와 밀접한 관계 속에 있는 복음 전도의 원칙이다. "성령이 너희에게 임하시면…권능을 받고…내 증인이 되리라."(행 1:8)고 하신 주님의 약속 성취도 복음 전도로 시작이 되었으니 이 복음 전도의 주도자는 하나님이셨고 성령님이셨다.

그러므로 전도와 성령님의 역사는 불가분의 관계이다.

성령께서 만이 인간의 눈을 여시고 마음의 어두움을 밝히사 죄의 속박에서 구속하시고 해방시키시며 하나님께로 돌이키시고 사망에서 생명으로 이끌어 내시는 것이다.104)

복음 선포는 오로지 성령께서 하시는 것이다. 증거하시는 이는 성령이시니 성령은 진리이기 때문이다(요일 5:7). 그러므로 성령의 신적 증거의 능력이 없는 모든 인간의 증거는 무기력한 것이다. 성령께서 모든 언어의 장벽을 허물 수 있는 위대한 통역자이시며 그리고 복음의 효과적 전달자이다.105)

"성령으로 아니하고는 누구든지 그리스도를 주시라 할 수 없느니라"는 말씀과 "아버지께서 이끌지 아니하시면 아무라도 내게 올 수 없나니"라고 하신 말씀은 성령만이 인간을 구

성령의 역사는 복음 전도 사역과 밀접한
관계에 있으며 복음 전도의 원동력이다

원하실 수 있으며, 전도 사역을 하게 하시며, 주께로 돌아오게 할 수 있으며, 그리스도 안에서 새로운 피조물이 되게 하실 수 있음을(고후 5:17) 확증해 주고 있다.

복음 선포의 역사는 하나님의 역사에 순응하는 것이 최선책이니 곧, 생명 자체의 일, 생명을 창조하시는 것, 구원과 삶, 참 구원과 참 삶을 가져오게 하는 것은 성령의 역사일 뿐이다. 그러므로 인간적인 조직, 전도자의 지식이나 경험, 언변등의 인간 능력으로는 전도가 전혀 불가능하다. 복음 전도의 원동력은 오직 성령이시다.

복음 전도에 있어서 전적인 하나님 신뢰를 통해서 참된 용기가 생기게 되는데(요 16:28, 막 8:34) 이 용기도 역시 성령 외에는 능히 줄자가 없다. 성령께서 신앙 이해를 도우시며 믿음의 용기를 주시기 때문이다.

성령은 말씀 즉, 복음을 받고, 믿고, 그대로 살며, 그 말씀대로 이르도록 끊임없이 역사하신다. 복음 전도는 말씀 전파 사역이므로 성령께서 이 역사에 참여 하시고, 내재하시며, 주관하셔서 하나님의 뜻을 성취해 나가신다.[106] 복음을 전할 때 하나님의 말씀과 성령과 하나님 자신이 그 전달 과정에서 참여하신다.[107] 그러기 때문에 전도자는 성령의 역사에 민감하고 마음이 열려져 있을 때 하나님께서 그의 말씀과 성령을 통하여 하나님의 능력을 의지하게 된다.

동시에 하나님께서는 성령을 통하여 불신자의 마음에도 역사하신다(요 16:7-8). 그러기에 인간의 능력을 의지하는 복음 전도는 배격하고 전도자 자신이나, 대상이나, 또한 전달 과정의 모든 장애나 염려도 다 성령께서 주관하신다는 믿음을 가지고 다만 말씀과 성령 그리고 전도자와, 대상과, 과정을 위해 기도해야 할 것이다.

사람의 재능이나 언변 그리고 방법이나 힘이 아닌 성령을 통하여 역사하시는 하나님의 전능하신 능력에 맡기고 전도를 완성시키시며 그 완성을 가능케 하시는 성령의 역사를 기대하고 의지해야만 한다(막 10:10-11).

영혼을 구원하는 사역에 근거를 두고 있는 복음전도의 정신은 성령의 임재와 능력을 떠나서는 지속될 수 없는데 이는 복음 전도의 힘의 원천은 오직 성령님뿐이기 때문이다.108)

성경에서도 복음 전도에 있어서 성령의 역사가 구체적으로 나타나고 있다. 전도를 처음 시작하도록 용기를 주시고, 확신을 주신 분이 성령님이셨고(행 2), 복음을 전파하게 하신 분도 성령이셨고(행 6;3,5,10, 7:55), 복음을 전하여 그들을 교회로까지 인도하신 분도 성령님이셨으며(행 10:19,44, 13;46), 전파자를 세우신 분도 성령님이시고(행 13:2), 이방 전도에까지 힘쓰도록 역사하시는 분도 성령님이셨다(행 14:27).

이렇게 볼 때 성령님은 전도하게 하시며, 효과적으로 성과를 주시며, 전도의 장소와 전도 대상자에게 인도하시고, 전도자를 세우사 그 전도의 범위까지도 정하시고, 전하는 자와 듣는 자의 마음 속에까지도 역사하시는 전도의 전체 영역에서의 원동력이 되신다. 그러므로 성령없이는 전도도 없다.

복음 전도는 성령이 주관하는 사역이며 성령은 복음전도의 주관자요 전도의 완성자이시다. 따라서 전도에 있어서 전도자와 전도방법 그리고 전도전략은 성령이 쓰시는 도구가 되어야지 방해가 되어서는 안된다. 즉 성령이 그것들을 지배하고 이용케 해야 한다는 말이다.

이 모든 전도의 전략이 성경적이고 효율성과 적응성을 갖추어 나가도록 하되 성령의 지배하에 있도록 해야 한다. 인간적인 그 어떤 것도 성령보다 앞설 수 없고 성령의 역사에 장애가 될 수 없고 도전해서도 안되며 성령의 능력에 의지해야만 한다. 성령은 복음 전도의 발동자이시며, 복음 선포의 지휘자이시며, 복음 전도의 능력을 주시는 자 곧, 복음 전도의 원동력이시다.109)

어린이 전도에 있어서도 그 주체는 성령님이시다. 전도자의 기술이나 갖춘 자격 그리고 듣는 어린이의 나이나 그 수준이 문제가 아니라 성령이 그 가운데 역사하시어 그 마음을 여시고 믿게 하시면 구원의 역사는 이루어지는 것이다. 성령의 조명만 있으면 성인이든, 어린이든, 무식자이든, 유식자이든, 복음을 이해할 수 있고 받을 수 있다. 어린이들이 복음의 핵심적인 진리들을 진정으로 이해할 수 있다고 믿는 가장 큰 이유는 구원과 성화와 메시지를 그들 마음 속에 전달하시는 성령님의 사역을 믿기 때문이다.110)

성령은 "전도의 수행자"(Agent of Evangelism)이시다. 가르침의 능력은 성령이시기 때문에 성령의 사역을 벗어나면 사람의 최선의 의도, 동기, 방법론 등은 모두 실패로 돌아갈 것이다. 그러나 성령과 함께 하는 가르침은 전도의 열매를 거둘 수 있을 것이다.111)

성령은 모든 사람의 심령 속에 구원을 이루시는 수행자이
시다. 어린이의 실질적 변화는 하나님의 성령이 말씀 중에 역
사하심으로 일어날 것이다.

성령은 죄에 대해 알게 하고, 애통케 하며, 확신케 해준다
(요 16:8, 12:31, 고후 5:21). 사람이 구원에 이르려면 복음을
듣고 이해해야만 되는데 성령께서만 알게 해주시고 깨닫고
인정하며 받아들이도록 역사하신다. 성령의 도우심을 받지
않은 사람은 하나님, 자신의 상태, 영적인 진리를 이해할 수
없다(고전 2:14).

성령께서는 비상한 목적을 이루기 위하여 각 신자의 마음
에 내주하신다. 그 비상한 목적은 곧 신자의 마음 속에 하나
님의 사랑을 채워 살게 하시는 것과 그에게 능력을 주어 승
리의 삶을 살게 하시는 것 그리고 열매있는 생활을 하게 하
시는 것이다.112)

전도의 원동력 즉, 성령의 역사를 끊임없이 공급받는 전도
가 되게 하려면 다음과 같은 원리를 따라야 한다.

① 복음 전도가 하나님의 초자연적인 과제임을 기억해야
한다. 하나님 진리에 대한 가르침을 하나님의 일로 보고 성령
의 역사를 인정할 때 가장 고상한 전도의 목적을 달성하게
된다.113)

② 복음 전도에서 시종 성령을 의지해야 한다. 교사는 성
령을 의지하고 성령께 굴복하면 할 수록 그만큼 효과적으로
사역할 수 있다. 말씀을 가르치는 것은 하나님의 일이지만 이
것 역시 인간과 관련된 하나의 과정임을 이해하고 준비를 하

거나 전도할 때 그리고 언제든지 성령의 인도하심을 받을 준비를 하고 있어야 한다.[114] 하나님의 성령에 대한 의존의 필요성은 말씀 사역을 세속 교육과 구별하는 하나의 요소이다.[115]

③ 복음 전도에서 성령 하나님이 전파자임을 기억해야 한다. 증식은 하나님께로부터 온다(고전 3:6). 말씀 사역의 영적 효과는 궁극적으로 성령 하나님께 달려 있다. 그렇기 때문에 교사는 다윗 처럼 "여호와여 주의 길로 나를 가르치소서."(시 27:11)라고 기도해야 한다. "주님께서 나를 가르치셨으므로"(시 119:102)라고 말할 수 있는 교사가 되어야 한다. 즉, 먼저 교사가 하나님으로부터 배워야 한다는 말이다.

2. 교사(전도자)

앞에서 살펴 본대로 전도를 계획하고, 준비하고, 열매를 맺게 하시는 분은 성령이시다. 그러나 전도는 사람이 한다. 바운즈(E.M. Bounds)는 그의 저서"기도를 통한 능력"에서 말하기를 "하나님의 계획은 다른 그 어느 것보다 훨씬 인간을 중요시 하고 있다. 인간은 하나님의 방법이다"라고 했다.

"사람은 전도자를 낳는다. 하나님께서는 사람을 만드신다. 될 수 있으면 『메신저』는 『메시지』보다 나아야 하며 설교자는 그 설교 자체보다 더 중요하다. 설교자는 설교를 만든다"

라고 했다.116)

그러기 때문에 만일 사람 자체가 올바르게 되어있지 못하면 어떤 방법이라도 성공을 거둘 수 없다.

전도에 있어서 사람이 필요하다. 전도의 효과를 위해서도 사람이 중요하다. 사람은 더 나은 방법을 찾지만 하나님은 더 나은 사람을 찾으신다. 전도에 있어서 하나님이 필요로 하시는 교사이면서 전도자이고, 전도자이면서 교사인 사람이 이 시대와 교회에 필요하다.

하나님은 잃은 자들에게 당신의 말씀을 전하시기 위해 메시지의 전달자를 찾고 계신다. 그리고 사용하신다. 하나님의 계획은 인간을 통해 실행되기 때문에 "저희가 믿지 아니한 자를 어찌 부르리요 듣지도 못한 이를 어찌 믿으리요 전파하는 자가 없이 어찌 들으리요"(롬 10:14)라고 말씀하셨고 하나님은 당신의 메시지를 전달할 인간의 책임에 대해 강조하신 것이다.

하나님의 구속의 계획 속에서 인간은 중요한 대상으로 등장한다. 인간은 죄로부터 구원받아야 하며 그렇게 함으로 은혜의 대상이 된다. 또한 복음의 전달자로 하나님께 부름을 받고 복음의 메시지를 그리스도를 모르는 자들에게 나눠주는 것도 역시 인간이다. 하나님은 구속의 메시지를 선포하는 존재 그 이상으로 인간을 활용하신다.117) 하나님은 전도를 위해서 인간에게 교회를 주셨다.

하나님은 그 교회 중에서 부르시는 "부르심"의 모습은 두 가지이다. 그 하나는 특별한 사역을 위하여 특별한 종들을 선

별하시고 그 요구를 충족시킨다. 즉, "전도자"로 특별히 따로
세우는 자이다(엡 4:11), 또 하나는 모든 그리스도인들이 특
수한 봉사의 직분으로 부름 받지는 않았으나 모든 그리스도
인을 향하신 하나님의 명령인 다른 사람을 그리스도께로 인
도해오는 "증인"으로 사는 것이다(행 1:8, 딤후 4;5).

초대교회에서도 "그 흩어진 사람들이 두루 다니며 복음의
말씀을 전했다"(행 8:4). 예루살렘으로부터 흩어진 그들은 평
신도들이었다. 비록 전도자로 특별히 부름받아 세워지지 않
았다 해도 그리스도인된 평신도로서 자신의 믿음을 선포하는
것은 모든 그리스도인들의 양보할 수 없는 권리들 중의 하나
인 것이다.

(1) 자세

① 전도자는 한 영혼을 위하여 모든 것을 쏟을 줄 아는 사
랑이 있어야 한다. 전도자는 그 어린이의 영혼을 먼저 사랑해
야 한다. 불쌍히 여겨야 한다. 기도해야 한다. 진정한 사랑의
심정과 기도의 자세야말로 전도자의 가장 기본적인 자세이
다.

그 사랑은 물론 어린이를 사랑하시는 그 주님을 향한 사랑
이 먼저가 되어야 한다. 그래야 주님의 심장과 마음으로 어린
이를 사랑할 수 있기 때문이다. 사랑이 없는 만남, 들려 줌,
상담, 그 무슨 열매를 기대할 수 있겠는가? 그러기에 주님께

사람은 더 나은 방법을 찾지만 하나님은
더 나은 사람을 찾으신다

서도 베드로에게 이 사랑을 먼저 물으신 것이다(요 21:15).

교사는 우리 안의 양을 잘 가르칠 뿐만 아니라(교육), 우리 밖의 길 잃은 한 마리 양을 찾으러 나가는(전도) 일도 아울러 할 줄 아는 사랑의 선한 목자이어야 한다(마 18:12-14).

전도자는 배달부처럼 되어서는 안된다. 그리스도께서 전도자들을 세상으로 보내시는 것은 복음의 배달부로 보내신 것이 아니라 사랑의 사신으로 내셨다. 그러기에 전도자는 그리스도의 사랑으로 찾아가서 그 사랑으로 인격적인 깊은 만남이 이루어져야 하고 그리스도의 사랑의 만남 중에 복음을 전해야 한다.

② 전도자는 기꺼이 가르침을 받고 배울려는 자세가 있어야 한다. 사도행전에 보면 아볼로라는 유대인이 있는데 그는 뛰어난 웅변가요, 설교가요, 교사요, 전도자였고 성경의 실력도 권위의 능력도 갖추어져 있는 자였다(행 18:24). 그러나 그는 브리스길라와 아굴라에게 가서 하나님의 도를 더 자세히 풀어 이를 때에 이들에게 배웠다. 그는 이미 놀라운 사역을 이루고 있었으나 기꺼이 배울려고 하였다. 이 얼마나 놀라운 사람이며 훌륭한 교사인가?

전도자는 모든 사람에게 겸손하고, 친절하며, 예의가 있어야 한다. 그와 함께 그리스도의 뜨거운 사랑의 마음으로 복음을 전파해야 한다. 그리고 언제든지 배울려는 마음을 가지고 있어야 한다.118)

전도자가 얼마나 지위가 높아졌든지, 얼마나 성공적으로 사역을 하고 있든지간에 기꺼이 배울려고 해야 한다. 다른 사

람에게 주는 것은 자신이 배운 것 만큼 밖에 줄 수가 없는 것
이기 때문이다.

③ 전도자는 그리스도의 추종자로서의 자세가 있어야 한
다. 전도자는 모든 사람으로 하여금 그리스도의 제자를 삼고
자 하는 뚜렷한 목적을 가지고 그리스도의 거룩한 사랑으로
찾아가서 그 피전도자의 마음을 주님께서 열으시도록 해야
한다. 다시 말하면 전도자는 그리스도의 추종자로서 주되시
는 그리스도보다 결코 앞서거나 높을 수 없다는 뜻이다.

만일 전도자가 살아계신 하나님과 피전도자 사이의 진정한
중재자라면, 그리스도의 이름으로 그들을 찾고 그리스도의
이름으로 만나며 그리스도의 사랑으로 전해야 한다. 주님이
주인 되시고 전도자는 종이되는 사랑의 자세를 가져야 복음
전도가 효과적이 된다.

전도자는 전도에 있어서 그리스도를 따르는 자이다. 그러
기에 전도자는 복음 전도에 있어서 성경 자체가 우선이며, 결
정적인 요인이며 주 그리스도의 말씀과 그 뜻이 절대적이 되
고 다른 모든 것은 부차적이며 종속적인 기능 밖에 갖지 않
는 다는 확신을 가져야만 한다.

전도자의 복음 전도 내용은 예수 그리스도 자신이다. 전도
자가 아니다. 살아계신 예수 그리스도를 전파해야 하는 것이
다. 그러므로 그리스도의 사신들인 전도자는 이런 의식으로
전도자의 말과 인격을 통하여 피전도자와 만남이 이루어질
때 성령께서 권면하시고 그 중에 역사하신다. 이러한 전도자
를 통하여 복음이 전파되는 곳에 살아계신 그리스도께서 길

잃은 한 생명 한 인격을 만나시고 영광받으신다.

(2) 기본 요건

전도자로서의 기본 요건은 다음 네가지로 요약된다.

① 확실한 소명감이다. 전도자는 하나님께 부름받은 자이어야 한다. 영혼 구원을 위해서 하나님께서로부터 부름을 받았다는 소명감이 있어야 영혼에 대한 책임감을 가지고 사역할 수 있다.

책임감이란 사명감에서 출발한 것이 아니라 소명감에서 출발한 것이어야 한다. 즉, 소명감은 하나님께서 이 일을 내게 맡기셨다는 의식이지만, 사명감은 내가 이 일을 하지 않으면 안된다는 의식이다. 사명감의 주체는 자신이요 소명감의 주체는 하나님이시다. 진정한 책임감은 확실한 소명감을 떠나서는 결코 있을 수 없다.

영혼을 주님께로 인도하는 일을 하는 과정에서 비정상적인 상황을 만나면 사명감만 가지고 하는 사람은 그 책임감이 없어질 때 약화되기 일쑤이다. 그러나 소명감이 분명한 사람은 그 책임감이 결코 흔들릴 수 없는 것은 그 일이 하나님께서 맡기신 것이기 때문에 그렇다. 물론 사명감이 필요하나 순서적으로는 소명감 다음에 있을 것이다.

성경의 모든 하나님 말씀의 전파자는 이것이 분명한 자들이었다.(사 6:8, 마 4:18). 전도자는 강의자 이상이기 때문에 그렇다.[119] 성경은 전도자를 왜 부르셨으며(마 9:37), 누가 부르셨으며(사 43:1, 렘 110), 어떻게 부르셨고(렘 1:5), 무엇을 위해 부르셨는지(렘1:7)에 대하여 명확하게 언급하고 있다.

② 직무에 대한 이해이다. 교사의 직무는 예수님과 제사장에게서 찾을 수 있다.[120] 예수님은 설교자로서 전파하시고, 선언하시고, 호소하셨으며 교사로서 교훈하시고, 책망하시고, 바르게 하셨으며, 봉사자로서 주시고(희생), 용납하시고(이해), 무조건적(사랑)이셨다.

구약시대의 제사장은 인도자로서 하나님의 백성을 의식을 통해서 하나님께로 인도하고, 양육자로서 하나님 말씀을 가르치고, 적용시키고, 반응을 살피는 일을 했으며, 유지자로서 하나님 말씀을 가르치고, 적용시키고, 반응을 살피는 일을 했으며, 유지자로서 중간 위치에서 하나님을 위하여, 사람들을 위하여 섬기는 일을 감당했다.

이상의 예에서 볼 때에 교사의 직무는 하나님께서 세우신 자요, 보내신 자라는 차원에서 본다면 그 역할이라는 면에서 정립해야 할 것이다. 교사는 가르치는 역할자요(딤후 3:14), 어린이는 배우며, 교사는 지도하는 역할자요(딤후 3:15), 어린이는 체험하며, 교사는 본보기의 역할자요(딤후 3:16), 어린이는 영적 훈련을 하게 된다.

그런고로 교사의 직무는 복음의 말씀을 알도록 가르치고, 받아들이도록 지도하며, 교사를 모델로 보고 따라오도록 훈련시켜야만 하는 것이다. 직무상으로 볼 때도 교사는 분명한 전도자이다. 전도자는 "전도의 전달자"(Messengrers of Evangelism)이다.

③ 분명한 목표이다. 그 목표란 곧 그리스도를 영접할 기회를 모든 어린이들에게 주는 것이다. 그 어린이가 구원을 받고 확신을 가지도록 인도하는 것과 그들을 하나님의 일을 하도록 하는데 있다.[121]

건축가는 처음에 설계도를 꾸미고 그리고 나서 자재를 모은다. 그와 꼭 같이 교사는 분명한 목표가 있어야만 한다. 어린이 하나하나는 마치 화가의 붓을 기다리는 빈 화폭같이 그 내부에 무슨 일을 성취해야 하는 사람으로 생각되어져야 한다.

교사의 급선무는 하나님의 말씀을 모든 어린이들에게 들려주고 가르쳐서 구주가 필요함을 알아 개인의 구주로 영접하게 하고(롬 3:23, 요 1:12, 롬 10:9), 거룩한 생활과 봉사의 생을 믿음으로 살도록 가르쳐서 말씀으로부터 옳고 그름을 분별하도록 하고(골 3:7), 봉사의 삶을 살기 위하여 그리스도의 능력을 청구하는 방법을 알도록(롬 6:14, 1:7, 12:1)하는 것이다.[122]

교사라면 누구나 어린이를 구원받은 영혼과 구원받지 못한 영혼으로 구분해 보아야한다. 그리고 구원받은 어린이는 믿음안에서 성장하고 성숙해 가도록 그 역할을 다할 뿐 아니라 (아흔 아홉을 가르치는 역할) 구원받지 못한 어린이는 그리스도의 복음을 듣고 주님을 영접하여 구원받도록 모든 노력을 다 기울여야(잃은 양 한마리를 찾는 전도의 역할)할 것이다. 주님은 이 일을 위해 교사를 부르셨다(막 16:15, 롬 10:14-15). 우리가 이 일을 하지 않는다면 주님은 이 일을 이루시지 못하시는 것이 되고 만다.

하나님은 세상을 사랑하신다. 그래서 한 사람이라도 멸망하는 것은 하나님의 뜻이 아니다. 하나님은 사람들을 구원하기 위하여 하나님께서 하실 수 있는 모든 일을 하셨고 또 지금도 일하고 계신다. 그런데 수많은 어린이가 멸망해 가는 것은 하나님의 뜻에 어긋나는 일이다(요 3:16, 벧후 3:9, 요일 4:10).

한 영혼의 가치가 무엇인가? 사람이 알든지 모르든지 그에게 있어서 그의 영혼은 온 세상보다 더 귀하다. 하나님에게 있어서 한 영혼은 우리를 구원하시려고 하나님이 쏟으신 모든 희생과 사랑에 달하는 가치가 있다.

하늘에 있어서 한 영혼은 너무나 귀해서 지상에서 한 심령이 회개하면 거기에서 기뻐한다고 했다(마 16:26, 눅 19:10, 15:10). 전도자는 한 영혼의 가치에 가장 민감한 사람들임에 틀림이 없다(잠 11:30).

우리는 한 어린이 한 어린이가 예수 그리스도를 만나 하나님의 사람으로 태어나고 하나님의 자녀로서 살 수 있도록 하는 이 목표를 달성하기 위하여 바울의 표어를 채택해야 할 것이다.123) "여러 사람에게 내가 여러 모양이 된 것은…구원코자 함이니…"(고전 9:22).

④ 확고한 비전이다. 어린이 전도자는 어린이도 복음을 이해할 수 있고 주님을 만날 수 있으며 구원을 얻을 수 있다는 확고한 비전을 지니고 있어야 한다.

복음을 들고 나갔을 때에 그리고 전했을 때에 그 어린이들

어린이 전도자는 어린이도 복음을 이해
할 수 있고 주님을 만날 수 있으며 구원
을 얻을 수 있다는 확고한 비전을 지니고
있어야 한다

이 예수 그리스도의 품에 안기고 하늘나라의 주인공이 되어
황금길을 거니는 그 비전이 없이는 어린이 전도는 소리만 나
는 시위가 될 뿐이다.

어린이 전도가 곧 교회 부흥의 첫 걸음이요, 어린이 복음
화가 곧 민족 구원의 지름길이며, 어린이를 예수 그리스도께
로 인도하여 믿음의 사람이 되게 하는 것이 새 역사 창조의
급선무라는 비전이 있어야만 한다.

국제 어린이 전도협회 창시자인 고(故) 오버홀쳐(J. Irvin
Overholtzer)는 이 비전에 대해서 말하기를[124] "이 일을 위한
비전을 갖고 있는 사람은 성령의 역사에 자신을 맡겨야 한다.
그리스도께서 자기를 믿는 어린이들에 관하여 말씀하셨다(마
18:6). 어린이도 구원받을 수 있기에 믿을 수 있다는 의미 외
에 무슨 다른 의미가 있겠는가?"라고 했다. 어린이들이 구원
받고 복받아 그들의 생애를 주님께 드리는 일들이 많이 일어
나려면 수많은 어린이들이 그리스도에게 나아오는 꿈(비전)
을 가져야 한다.

지구는 둥글다는 비전이 있었던 콜럼버스와 마젤란은 그것
을 기어코 증명했다. 또한 전기의 원리를 발명한 에디슨은 전
기에 대한 비전을 지녔으며, 전화를 발명한 벨은 전화에 대한
비전을 가졌었고, 비행기를 발명한 라이트는 공중을 날아다
니는 것에 대한 비전을 지녔었다. 또한 예수님께서는 이 땅의
구속 역사로 말미암아 인간들이 하나님과 화목하게 되는 비
전을 가지셨다.[125]

교사는 이런 비전이 있어야 한다. 어린이들이 그리스도 앞

으로 인도되기만 한다면 그들 중에서 많은 사람들이 구원받고 교회와 민족과 세계의 아니, 하나님 나라 확장의 놀라운 일군이 될 것이라는 비전이 먼저 교사의 머리에, 가슴에 있어야 한다.

어린이도 예수님을 만날 수 있고, 교회 안으로 들어올 수 있으며, 예수 그리스도를 만나 우리 안의 양이 될 수 있다. 그 이유는 교회는 하나님의 교회이기 때문이며 성경 말씀이 그렇게 말씀하셨으므로 가능하고, 교회안에 있는 어린이보다 교회 밖의 어린이가 아직도 많기 때문에 가능하다.

어린이 전도자는 이런 비전(Vision)이 있어야 한다.

(3) 자격

어린이 전도도 역시 사람을 통한 사역이기 때문에 전도자의 자질을 논하지 않을 수 없다. 왜냐하면 어린이 전도의 성패 여부가 전도자 자신의 자질 여하에 달린 경우가 많기 때문이다.

물론 어린이 전도자의 자격으로 요구되는 것들이 많이 있지만 그 중요한 몇가지만 다루기로 한다.

가. 영적인 자격

① 구원의 경험이다. 사람을 구원할 목적으로 하나님에 의

해 쓰임받는 교사는 반드시 구원받은 자이어야 한다. 자신이 구원의 개인적 경험도 없이 하나님의 가족이 되지 않고 어떻게 다른 사람을 하나님 가족으로 만들 수 있겠는가? 그리스도의 보혈로 씻음받고 성령으로 거듭난 경험이 없으면 하나님의 말씀을 가르치거나 전할 수 없다. 모든 교사는 이렇게 자문해 보아야 한다. "나는 구원받았는가?" "나는 하나님의 가족인가?" 만일 아니라면 주 예수님을 영접하고 조속히 용서 받고 구원받은 것을 확신해야 한다.

일군이 되기 전에 먼저 그리스도인이 되어야 하는 것은 곧 예수님께서 "물과 성령으로 거듭나지 아니하면 하나님 나라를 볼 수 없느니라…들어갈 수 없느니라."(요 3:3, 16, 36)고 하신 말씀에 의한 원리이다.

교사는 믿음으로 구원의 체험을 가지고 그 기쁨의 사실을 어린이에게 자신있게 고백하고 증거할 수 있어야 한다.126) 구원의 확신이 없는 교사는 어린이를 생명의 길로 인도할 수 없다. 소경이 소경을 인도하는 격이기 때문이다(마 15:14). 아무 것도 할 수 없다. 그 어떤 것도 할 수 없다. 구원받지 못한 사람은….

② 헌신이다. 말씀을 가르치고 전하는 자는 하나님께 속하고 하나님과 그 맡기신 일에 대해 온전히 헌신해야만 하나님께서 받으신다는 것을 명심해야 한다.127)

일군은 주인이 아니므로 자기 마음대로 자신을 사용하거나 섬기는 일에 자신의 뜻대로 할 수 없는 것이다. 때와 장소와 방법을 가리지 않고 하나님이 원하시는 대로 자신의 몸과 모

든 것을 드려서 제한 없이 하나님께 쓰여져야만 한다.[128]

전도자는 자기 자신을 헌신하되 자기의 일생 전부를 드려야만 하며 아무것도 뒤로 남겨놓을 수 없다. 완전히 하나님의 명령 아래서 살아야 하고 하나님의 축복을 기대하면서 살아야 한다. 이렇게 될 때에 하나님의 가르치심과 능력에 사로잡힌 교사가 될 것이다.

전도 사역은 하나님의 사역이며 인간을 통해서 구원의 역사를 이루시는 것이다. 그러기 때문에 전도자는 마땅히 자신을 하나님께 드려야 한다(롬 6:13, 12:1). 전도하고자 하는 교사는 자신의 삶을 하나님께 적극적으로 드려야 한다. 이러한 헌신은 하나님 능력에 대한 일상적 경험이 될 것이다.

유능한 교사는 전도자로서 구원받은 하나님 자녀로서 마땅히 자신의 삶을 말씀 안에서 하나님과 연합하고 온전히 드릴 때 전도 활동은 분명히 놀라운 영적 경험으로 열매 맺게 될 것이다.

아무에게도 전할 수 없다. 결코 구원할 수 없다-온전히 헌신되지 않은 사람은….

③ 축복에 대한 경험이다. 말씀을 맡은 자에게는 자기의 생애와 직무 위에 내려지는 하나님의 축복을 경험하게 되어 있다. 그는 하나님의 축복을 경험해야 한다. 그렇지 않으면 그는 그 일의 적임자가 못된다. 마치 제사장처럼….[129]

교사에게 하나님의 축복이 임하기 전에는 아무리 그가 타고난 능력이 많고 외적으로 보아 성공하는 듯 하여도 그의 사역은 실패가 될 것이다. 하나님의 축복이 있을 때에 영적인 결실이 따라올 것이다.

살아계신 하나님의 채우심을 어떤 모양으로든지 경험하지 못하면 즉 하나님의 역사하심의 열매가 나타나지 않는다면, 교사는 하나님의 말씀을 통해 그 이유를 캐내어야 한다. 만일 생활 가운데 고백하지 않는 죄가 있다면 하나님은 결코 축복하실 수 없다. 이 축복을 기다릴 수 없다. 다만 믿음으로써 굳게 확신해야 한다. 아무도 가르칠 수 없다. 정말로 전할 수 없다. -하나님의 축복이 없는 사람은….

나. 하나님 사람으로서의 생활의 자격.

① 하나님과 동행하는 삶을 살아야 한다. 그리스도인의 삶은 하나님과 교제하는 삶이다.130) 에녹은 하나님과 동행했다. 사역보다 먼저인 것은 하나님과의 동행하는 삶이다. 하나님과의 동행의 삶이 있어지려면 먼저 하나님과의 올바른 관계를 정립해야 한다. 즉, 예수 그리스도를 통한 구속의 체험과 주 예수님을 사랑함이다.

그리스도를 사랑하지 않으면서 그 분을 섬기려고 애쓰는 것은 사랑하지 않으면서 결혼하는 것과 같은 것이니 곧, 관계의 핵심이 빠져버린 것이다. 그리스도께서 뜨겁게 사랑하셨듯이 자신도 뜨겁게 주님을 사랑함이 먼저이다.

이렇게 사랑이 인격적으로 흘러 넘치는 그것이 곧 효과적인 증인이 되는 비결이다. 그리고 매일 경건의 시간을 가지는 것이다. 전도자는 매일 기도와 성경연구와 묵상을 통해 하나님과 단 둘이 있는 시간을 보내야 한다. 이러한 경건시간은 선택 과목이 아니라 그리스도인으로서 인생의 가치와 성공적 사역을 위해 필수과목이다. 그리스도인의 큰 실수 중 하나는 일상 중에서 경건의 시간을 밀쳐내는 것이다.[131]

② 그리스도안에 거하는 삶을 살아야 한다. 예수님께서 우리와의 관계를 "나는 포도나무요 너희는 가지니"(요 15:5)라고 설명하셨다. 가지가 포도나무 안에 살지 않으면 열매를 맺을 수 없음같이 우리도 그리스도안에 살고 있지 않으면 열매를 맺을 수 없다. 그래서 예수님은 "나를 떠나서는 너희가 아무 것도 할 수 없음이라"고 하셨다(요 15:5).

그리스도 안에 거한다는 것은 그를 믿는다는 것이고, 그에게 순종한다는 것이며, 필요한 모든 것을 위해 그리스도를 전적으로 의지함을 의미한다.[132] 이것이 그리스도안에 거하는 적극적인 면이다.

또한 세상과 구별되어야 한다. 그리스도인이란 그리스도의 사람이다. 그러므로 주님과의 관계에서 걸림이 되는 것은 다 거부해야 한다. 주님을 바라보는 것을 흐리게 하거나 기도를 제한하는 것, 그리고 주님의 일을 곤란하게 만드는 그 어떤 것도 다 그리스도인에게는 나쁜 것이다. 그러므로 그리스도인은 그런 것에서 돌아서야 한다(약 4:4).[133] 그리고 생활 속에 죄를 고백하고 버려야만 한다. 하나님은 그 자녀들에게 자비로우시며 오래 참으신다. 그러나 죄에 대해서는 결코 관대하게 넘어가지 않으신다. 만일 우리가 생활 가운데 죄를 계속 가지고 있다면 하나님은 기도를 듣지 않겠다고 하셨다(시

66:18). 그러므로 날마다 우리의 죄를 그분의 약속을 따라 자백해야 한다(요일 1:9).

③ 승리하는 삶을 살아야 한다. 승리하는 그리스도인 만이 영원한 약속을 주장할 수 있으며(신 33:25, 잠 4:18, 사 30:15, 히 13:5, 시 105:5, 고후 4:16-17), 승리하는 삶은 하나님의 임재를 경험하고(출 33:14), 승리하는 삶은 열매를 맺는 봉사로 가득하게 될 것이다.[134)]

교사는 자신이 먼저 승리의 삶을 살아야 한다. 죄에 대하여, 환난과 시련에 대하여, 자신에 대하여 매순간 주님의 승리를 믿음으로 소유해야 하며, 섬김에서 열매맺는 승리도 주 안에서 나타나야 한다(롬 6:14).

승리의 삶은 나의 능력이나 지혜나 방법에 있는 것이 아니라 주님의 승리를 인정하며 믿음으로 누리는 것이다. 이미 얻은 승리를 계속 누리려면 먼저 성령님을 의지해야 한다. 그분이 성공자이시며, 인도자이시고, 깨달음과 사랑을 주신다. 그리고 사랑과 능력을 공급하신다(롬 5:5). 그리고 승리의 삶을 위하여 성경말씀을 근거로 하고 붙들어야 한다. 하나님의 약속이신 말씀을 믿으며, 주장하며, 끊임없이 주장하여야 한다(롬 8:35, 39).

또한 승리의 삶을 위해서 기도해야 한다. 교육과 전도는 기도와 함께 공존한다(행 11:5, 롬 10:1). 기도생활은 교사나 전도자의 삶을 특징짓는 것이다. 교사는 믿음 안에서 늘 기도해야 하고 기도할 준비가 되어 있어야 한다. 승리의 사람은 곧 기도의 사람이기 때문이다.

다. 실제적인 면에서의 자격

① 개인적 준비를 해야 한다. 그리스도의 일군은 주님께서 그 잔을 채우시는 것 뿐아니라 그 일을 위한 준비와 훈련과 수고와 인내가 포함된 것이다. 하나님께서 자신을 사용하실 수 있도록 준비하는 것은 다음과 같다.

첫째로, 성경을 공부하는 것이다. 하나님께서 쓰시는 도구가 되는 길은 성경말씀을 읽고, 암송하고, 연구하고, 묵상하는 것이다. 교사가 하나님의 말씀을 한구절 암송할 때마다 하나님을 섬기는 일에 사용할 또 하나의 도구를 마련하고 있는 셈이다.135)

능률적인 그리스도의 일꾼이 되기 위해서는 하나님의 말씀을 잘 이해하고 있어야만 한다(딤후 2:15). 하나님을 섬기기 원한다고 말을 하면서도 하나님의 말씀을 공부할 시간을 낼 준비가 되지 않은 사람을 하나님이 그를 쓰시리라고 기대할 수 없는 것이다.

둘째로, 부지런한 것이다. 많은 일군들이 놀라운 열매를 원하고 있으면서도 그것을 받을 만한 일은 하지 않는다. 하나님은 우리가 신중함이 없이 또 마지못해 하는 일에는 축복하지 않으실 것이다. 성경은 이렇게 말씀하셨다. "여호와의 일을 태만히 하는 자는 저주를 받을 것이요"(렘 48:10)라고.

하나님을 섬기는 일에는 그분을 영화롭게 하는 목적과 함께 방법도 따라야 한다. 말씀 사역에 있어서도 열의없이 하는 것은 허용할 수 없는 것이다.

셋째로, 올바른 우선 순서이다. 그리스도인이 되기 전에는 원하는 데로의 생활을 영위할 수 있지만 일단 그리스도인이 된 이상은 그 평생의 본분은 하나님을 섬기는 것이다. 하나님께서는 전적인 헌신을 요구하신다. 그러나 자신의 직업을 제쳐 놓고 하라는 말씀이 아니라 다만 자신이 하고 있는 일이 무엇이건 간에 그리스도인이 되고 일군이 된 이상, 그 최우선 순위는 하나님을 섬기는 것이고 다른 모든 일들은 부업이 되는 그런 순서를 말한다.136)

넷째로, 충실함이다. 무디(D.L. Moody)는 "하나님을 위한 어떤 일을 성취시키는 비결은 헌신과 집중 즉, 우리의 모든 것을 하나님께 드리는 것과 하나님께서 우리에게 하라고 주신 일에 우리의 모든 것을 바치는 것"이라고 했다. 주님은 끈기를 높이 평가하신다. 도중 하차를 원치 않으신다. 어떤 경우에나 무슨 일에든지 최선을 다하고 성실하게 끝까지 하나님 앞에서의 자세로 하는 그것이 반드시 필요하다.

다섯째로, 진지함이다. 모든 하나님의 일이 다 그렇지만 특히 말씀을 가르치고 복음을 전하는 일에 있어 장난으로나 우스개로 혹은 소홀한 감정이나 태도로 임한다면 그 사람 때문에 복음이 "싸구려 복음"이 된다. 어린이들이 진지하게 받아들이기를 바란다면 먼저 교사 자신이 진지하게 임해야만 한다.137) 죽고 사는 문제, 영생과 영벌의 문제를 다루고 있는 심각한 전파의 현장에서 어찌 가볍게 생각할 수 있겠는가? 진지하신 성령을 따라 교사도 진지해야만 한다.

여섯째는, 훈련이다. 훈련은 곧 하나님과 그 맡기신 일을 넉넉히 이루기 위하여 자신을 다스리는 것이다. 자기 훈련을 소홀히 하게 되면 자신이 할 수 있는 지극히 작은 일부분 밖에는 성취하지 못할 것이다.

하나님은 훈련된 사람을 쓰신다. 그러기 위해 훈련을 허락하신다. 일군이 되기 전에 훈련하고, 더 잘하기 위해서 훈련해야 된다.

② 기술적인 준비를 해야 한다. 어린이를 그리스도에게로 인도하는 데에는 여러가지 기술적인 면들이 구비되어야 한다.

첫째로, 교사 자신이 성숙한 그리스도인의 모습을 보여주는 것이다. 성숙한 그리스도인으로서의 언행보다 더 우선되는 기술이 어디 있는가? 교사 자신이 먼저 주님의 제자로서 삶을 통해 그리스도를 나타내는 자가 되어야 한다. 사람을 주님께 인도하는 것은 말만이 아니라 그 성숙한 인격이 더 힘이 있기 때문이다.

둘째로, 듣는 것이다. 어린이들에게 말하고 들려주기 전에 먼저 좋은 청취자가 되어야 한다. 이것이 메시지 전달의 효과를 증대시키는 신뢰관계 형성에 있어서 중요한 것이다.

셋째로, 복음 어린이들이 알기 쉽도록 제시하는 요령이 필요하다. 프렌시스 쉐이퍼의 말처럼 "어린이 전도는 하나뿐인 복음을 어린이에 맞게 해석하는 것"이기에 어린이의 용어를 배우고, 어린이의 관심이 무엇인지 파악하고, 그들의 경험에서 복음을 설명할 수 있어야만 한다. 왜냐하면 "전도는

일이 먼저가 아니라 사람이 먼저이다. 용
서와 사랑이 없는 감정이 뿌리 내리면 자
기 자신과 일 그리고 그 밖에 모든 것을
망치게 된다

하나의 기술"이기 때문이다.138) 복음의 내용을 어떻게 체계
적으로 전할 것이며 어떻게 하면 어린이가 흥미를 가지고
쉽게 이해하도록 하는 방법을 사용할 수 있을지를 연구하고
개발하고 연습해야 한다. 이는 곧 전쟁의 승리가, 얼마나 좋
고 많은 무기를 가졌느냐가 아니라 그 무기를 효과적으로
쓰느냐의 기술에 달린 것과 같은 이치라 하겠다.

③ 관계 유지를 할 수 있어야 한다. 광야에서 혼자 선포하
는 것이 전도자로서의 삶이 아니라 전도자도 삶의 현장에서
의 생활인이다. 그 생활은 여러가지 관계를 가지고 있다는 뜻
이다. 전도자는 하나님의 일군이기에 하나님과의 관계가 우
선이고 중요하기는 하나, 그 이외의 여러가지 관계도 대단히
중요한 것이다.

동역자와의 관계, 타인과의 관계, 교회와의 관계, 가정과의
관계, 직장과의 관계 등 여러가지 관계가 있다.

이 모든 관계 속에는 일도 있고, 상황도 있으며, 특히 사람
과의 관계도 있다. 그 중에서 제일 중요한 것은 역시 사람과
의 관계이다.

첫째로, 협력하는 지체의식이다. 모든 믿는 자들은 서로 의
존하는 지체로서 그리스도의 몸이다(롬 12:4-5). 하나님께서
는 결코 혼자이기를 원치 않으신다. 일의 성취를 위해 서로
지체의식을 가지고 협력하고 함께 일하는 것이 하나님의 요
구이다.

둘째로, 하나님의 말씀을 따르는 것이다. 생활과 사역 속에
는 항상 문제와, 나쁜 현상과, 충돌이 있기 마련이다. 그러므

로 감정이 상할 때에 늘 하나님의 말씀을 따라 그 감정을 다스려야 하는 것이다. 서로 권고하며, 합심하며 용서해야 한다(마 18:15-22). 그리고 노하지 않으며, 화목하고, 사화하고, 동행하며, 위하여 기도하고, 하늘의 아버지의 온전하심과 같이 해야한다(마 5:21-28). 일이 먼저가 아니며 사람이 먼저이다. 용서와 사랑이 없는 감정이 뿌리 내리면 자기 자신과 일 그리고 모든 것을 망치게 된다.

"플로렌스, 알. 키"는 그의 책에서 전도자의 자격을 다음과 같이 요약한다.[139] 중생(요 3:3,16,36), 성별된 생활(고후 6:16, 17, 요일 2:15), 헌신된 생활(롬 12:1-2), 성령충만의 생활(엡 5:18), 성경의 지식을 가짐(딤후 2:15), 복음을 간단 명료하게 전하는 방법을 앎(고전 15:3-4), 기도의 사람(요일 5:14,15, 고후 10:4), 어린이를 향한 진정한 사랑을 가짐(고전 13), 준비 위해 기꺼이 희생하는 자(롬 6:13, 갈 6:7), 어린이의 수준으로 내려가는 자(사 28:9-10, 딤후 10:13-14), 주님으로 말미암아 기금을 소유한 자(마 5:16) 등이 전도자가 갖추어야 할 중요한 자격들이라 하겠다.

3. 내용

"내가 복음을 부끄러워 아니하노니 이 복음은 모든 믿는 자에게 구원을 주시는 하나님의 능력이 됨이라 첫째는 유대인에게요 또한 헬라인

전도의 내용은 성경에 있는 것이어야 한
다. 전도의 내용은 복음이다. 그런데 복
음은 예수 그리스도의 구속을 중심으로
한 내용이어야 한다

에게로다"(롬 1:16)

전도의 내용은 성경에 있는 것이어야 한다. 전도의 내용은
복음이다. 그리고 복음은 예수 그리스도의 구속을 중심으로
한 내용이어야 한다. 이것이 진정한 복음이다. 어린이를 예수
그리스도께로 인도하여 듣게 하고 알게 하며 예수님을 영접
하도록 하는 구원의 메시지는 무엇인가?

(1) 기본 진리이다.[140)

구원에 있어서 기초가 되는 진리는 성경, 하나님, 사람이
다.

가. 성경은 하나님의 말씀이다(딤후 3:15-16, 벧후 1:20-21, 롬 10:17).

그 어떤 구원의 진리나 복음의 내용도 오직 성경에서만 나
와야 한다. 성경은 하나님의 살아 있는 말씀이다. 하나님이
말씀하셨으니 그 내용이 진리이다. 말씀하신 데로 믿는다. 하
나님의 말씀을 믿는다. 성경이 말씀하시는 구원의 근거, 구원
의 필요, 구원의 방법, 구원의 목적이어야 한다.

어린이에게 들려주고, 말하고, 알게 해주는 내용은 곧 "나
에게서 나온 것이 아니요, 세상의 지식이 아니며, 사람의 이
론이나 말이 아니라 하나님의 말씀이다"라고 해야한다.

나. 하나님이 계신다.

하나님은 모든 만물을 만드시고 나와 너를 만드셨다. 그러기에 하나님은,

① 창조의 주가 되신다(창 1:1, 26, 27, 요 1:3, 행 17:22-24).

② 너를 사랑하신다(요 3:16, 롬 5:8, 렘 31:3, 요일 4:16-17).

③ 그러기 때문에 놀라운 또 다른 장소 곧 하나님의 나라를 준비하셨다(요 14:2).

④ 하나님은 완전하시다. 곧 거룩하시고, 공의로우시고, 선하시다(렘 19:2, 행 3:4, 요일 1:5). 그의 집인 하늘나라도 깨끗하고 아름답고 순결한 것이다.

다. 사람이 문제를 가지고 있다(사람의 문제).

그 하나님을 못 만나게 되고 놀라운 하나님 나라를 가지 못하게 하는 것이 있는데 곧 죄이다. 이것은 문제다. 사람은 죄인이기 때문에 사람이 문제이다. 문제를 가지고 있다.

① 죄는 하나님을 기쁘게 해 드리지 못하는 말과 행동, 생각 전체를 말한다.

② 바로 나 자신이 죄인이다. 죄인으로 태어났다(롬 3:10, 23, 시 51:5).

③ 죄 지었기 때문에 죄인이 아니라 죄인이기 때문에 죄를 짓는다.

④ 죄의 결과는 심판(죽음 곧 하나님과 영원히 분리)이다.

그러기 때문에 죄인인 나는 스스로의 구원은 불가능하다(행 4:12, 엡 2:1).

(2) 복음이다. [141)

복음은 죄인들을 구원하기 위한 하나님의 유일한 길이다. 그것은 예수님을 통해 주신 하나님의 은총이다. 그것은 사람의 죄 중에 빠져 있는 상태를 위한 해결책이다. 이제 정의로운 하나님이 어떻게 온전한 용서와 의와 영생을 주실 수 있으며 하나님과의 화해를 위해 그분 스스로가 성취하신 것이 무엇인지 보여주신 것이다.

하나님은 우리의 죄 때문에 받아야 할 심판을 받지 않도록 놀라운 계획을 가지고 계신다.그것은 하나님의 계획(해결책)이다.

가. 해결책(방법)

① 하나님은 그 아들을 통한 구원을 제시하셨다(요 3:16, 행 3:26, 엡 2:4-8, 딛 3:5).

② 예수 그리스도는 완전하신 하나님의 아들이시다(갈 4:4, 히 4:15, 행 9:20, 롬 1:1-4).

③ 그는 형벌을 대신 받으셨고, 피 흘려 죽으시고, 장사지낸 바 되셨다가 다시 살아 나셨다(고전 15:1-4, 고후 5:21, 히 9:14, 롬 4:24-25).

④ 지금도 하늘나라에 계시며 너를 위해 기도하시고 때가 되면 다시 오실 것이다(행 1:11).

나. 적용.

이제는 그리스도께서 대신 해주신 일 때문에 죄는 용서받을 수 있고 해결받을 수 있다. 구원의 믿음은 하나님의 선물인데 받기만 하면 된다(엡 2:8).

① 하나님의 약속을 의지하라(요 1:12, 계 3:20).

② 하나님, 문제, 복음을 인식하고 인정(동의)하라(요 16:8-11, 롬 1:18, 요일 3:14).

③ 지금 바로 예수님을 영접(받아들임, 입으로 시인)하라 (요 1:12, 롬 10:10, 13).

④ 말씀에 의해 확신을 가지라(요 1:12, 히 13:5).

이상의 복음의 내용은 이렇게 요약할 수 있다:

첫째, 성경은 하나님의 말씀이다.

둘째, 하나님은 살아 계시고 사랑하신다.

셋째, 사람은 그 사랑을 받을 수 없는 문제(죄)를 가지고 있다.

넷째, 그 해결책은 곧 예수 그리스도이신데 그분은 대신 죽으시고 다시 사셨다.

다섯째, 이 사실을 인정하고 믿기만 하면 구원받는다. 곧, 기본진리(첫째-다섯까지)와 복음(넷째-다섯째)으로 구분하여 체계화 할 수 있다.

전도의 내용은 곧 복음이다(롬1:16).

제 **6** 장
어린이 전도의 실제

"그런즉 저희가 믿지 아니하는
이를 어찌 부르리요
듣지도 못한 이를 어찌 믿으리요
전파하는 자가 없이 어찌 들으리요
보내심을 받지 아니하였으면
어찌 전파하리요…"

(롬 10:14,15)

✝ 어린아이의 믿음

-마태복음 18:1-10

천국길을 향해 바라보는
어린이의 믿음을 본적이 있소?
환경을 초월해서 빛나는
어린이의 내적인 기쁨을 보았소?

"예수님은 나를 위해 십자가에 죽으셨다."고
솔직한 마음으로 이야기하는 것을 들은 적이 있소?
의문도 없고 흔들리지 않는 믿음은
"나는 당신을 위해 살고 싶어요!"라고 말하네.

진지하고도 겸손하게 기도하고 있을 때,
어린이의 믿음을 느껴 본 일이 있소?
산을 보고도 뒤로 물러서지 않는 믿음은
"주님 감사합니다"하며 순종하네.

정다운 교제 속에서
어린이의 믿음을 나눠 본 일 있소?
"어린아이와 같이 되지 않고서는
내 식구가 될 수 없다."고 주님은 말씀하셨네

1. 방법

"누구든지 주의 이름을 부르는 자는 구원을 얻으리라 그런즉 저희가
믿지 아니하는 이를 어찌 부르리요 듣지도 못한 이를 어찌 믿으리요
전파하는 자가 없이 어찌 들으리요 보내심을 받지 아니하였으면 어찌
전파하리요 기록된 바 아름답도다 좋은 소식을 전하는 자들이 발이여
함과 같으니라 그러나 저희가 다 복음을 순종치 아니하였도다 이사야
가 가로되 주여 우리의 전하는 바를 누가 믿었나이까 하였으니 그러므
로 믿음은 들음에서 나며 들음은 그리스도의 말씀으로 말미암았느니
라"(롬 10:13-17)

복음의 내용은 변할 수가 없다. 그러나 하나님의 말씀이
효과적으로 선포되어지고 자라며 열매를 맺기까지는 시대적
인 상황과 환경에 크게 좌우되며 복음을 받는 개개인의 인격
에 적합하고 바람직한 방법은 언제나 새롭게 창안되어져야
한다. 이것이 불변의 말씀이 변화의 전도, 옛 복음(The Old
Gosple)에 새 방법(New way)이라 하겠다.[142]

복음 전도에 있어서 유일한 방법이란 있을 수 없다. 다만
영원 불변의 복음을 시대와 환경에 맞게 그 방법을 모색해야
한다. 이것은 교회의 사명임과 동시에 전도자들에게 주어진
모든 족속으로 제자를 삼고자 하는 대과제이다.

하나님의 사랑을 전파하고 예수 그리스도의 복음을 증거함
에는 많은 방법이 있다. 그러나 자연스러운 방법으로 전하지
못한다면 인간의 고안에 의한 그리스도의 형상을 투영시키는

결과 밖에 되지 않는다. 그러할 때 한 생명을 구원함에까지 이르지 못하는 결과를 초래하게 될 것이다. 그러나 전도자에게 있어서는 어떻게 복음을 제시할 것인가에 관심이 있고 그 내용이 무엇을 전할 것인가 하는 문제와 함께 그 방법인 어떻게(What)에 쏠리게 된다. 메시지의 전체적인 접근 즉 복음 전도의 방법은 너무도 중요하기 때문에 소홀히 취급할 수 없고 취급되어서는 안된다.[143]

전도자는 항상 전도의 대상의 변화에 두려움이 있다. 그러나 성경적인 원리를 적용하고 바람직한 성경적인 방법을 추구하면 언제든지 효과적이고 보다 많은 열매를 얻을 수 있는 방법에 대하여 수용할 수 있어야 한다.

전도는 죽은 자를 살리는 예수 그리스도의 사역이므로 전도의 방법 역시 주님께 배워야 한다. 왜냐하면 "나를 따라 오너라 내가 너희로 사람을 낚는 어부가 되게 하리라."(마 4:19)고 하셨기 때문이다. 진정한 가르침이나 전도는 변화를 포함하고 있다. 이 변화의 본질을 정확하게 하기 위해서는 무엇보다도 하나님의 말씀을 살펴보아야 한다.[144] 또 한가지는, 어린이 전도의 인식과 전제가 확실하고 그 근거와 동기 그리고 목적이 분명하더라도 어떻게 전하느냐의 방법론이 분명하지 못하여 제대로 실행되지 않으면 그것은 전도가 아니라 탁상공론에 불과할 것이다.

어린이 전도의 방법을 논할 때에 일률적일 수는 없겠으나 성경에서 예수님으로부터 배워야 할 것이다. 그 몇가지를 고려해 보면 다음과 같다: ① 만남(접촉) ② 들려줌(분명한 메시

전도하는 방법은 성경을 통해 예수 그리
스도께 배워야 한다. 왜냐하면 전도는 생
명을 살리는 예수 그리스도의 사역이기
때문이다

지) ③ 결단 촉구(초청) ④ 반응처리(상담).

(1) 만남이 있어야 한다.

어린이를 만나야 그에게 전도할 것이 아닌가? 어린이를 만
나기 위해서는 어린이가 있는 곳으로 나가야 한다. 잃은 양은
우리 안에 있는 것이 아니라 산울가에 있기 때문에 먼저 나
아가서 만나야 한다. 길 잃은 양은 스스로 돌아올 수 없기 때
문에 그렇다.

예수님도 그렇게 만나셨고, 사도들도 그렇게 거리마다 집
마다 찾아 나아갔었다(행 20:20). 길 잃은 양을 찾으려는 안타
까운 마음을 가졌던 목자와 같은 심정으로(눅 15:4-7) 어린이
를 만나기 위해 나아가는 선한 목자가 필요하다. 나아가야 만
날 수 있고 만나기 위해서는 나아가야 한다. 어린이가 있는
곳이면 어디든지….

(2) 들려줘야 한다.

어린이를 만난 다음에는 무엇을 할 것인가?

분명한 메시지를 들려줘야 한다. 세상의 소리와 사람의 이
야기가 아니라 창조주가되시는 하나님이 어린이를 사랑하신

다는 사실과, 예수님은 완전한 하나님의 아들로서 어린이를 위해 이 땅에 오셨고 죄를 대신해서 피흘려 죽으시고 다시 사셨다는 사실과, 예수 그리스도를 믿음으로 죄 용서받고 하나님의 자녀가 되며 영생을 얻을 수 있다는 이 복음을 체험적으로 말씀의 능력을 확신하고 성령의 역사하심을 의지하여, 간결하고 확실하게 들려줘야 한다. 믿음은 들음에서 나기 때문이다(롬 10:17).

사람과 사람만의 만남으로 그 자체로만 끝난다면 아무런 생명의 역사가 일어나지 않는다. 복음의 내용을 들려주고 들을 때에 그 가운데 구원의 역사는 성령을 통해서 일어나게 되는 것이다. "듣지도 못한 이를 어찌 믿으리요 전파하는 자가 없이 어찌 들으리요."(롬 10:14)라는 말씀을 기억해야 한다.

어른들이 들은 복음을 어린이도 들어야만 한다.

(3) 초청이 있어야 한다.

복음을 들은 어린이가 마음의 감동으로만 끝나버리지 않고 하나님 앞에 응답하고 예수님을 모셔들이든지 거절하든지 그의 의지의 행위로 표현하도록 결단을 촉구한다. 이를 초청이라 한다.

그에게 이런 기회를 주지 않는다면 복음을 들을지는 몰라도 예수 그리스도를 영접하지는 못한다. 복음을 들은 것만으로 예수님을 영접한 것이 아니기 때문에 그리스도와의 개인적 만남에 대해 자신의 분명한 반응을 촉구해야 할 것이다. 들은 바 복음에 대한 마음의 결단을 위해서….

가. 초청에 있어서의 특징은 다음과 같다.[145]

① 구원의 메시지는 이미 제시되었으므로 결단의 촉구이지 복음의 재 설명이 아니기 때문에 간단해야 한다.

② 감정에만 호소하거나 강요하는 것이 아니라 말씀의 권위와 성령의 깨닫게 하심으로 말미암아 자발적이 되게 해야 한다.

③ 개인적인 용어로("여기 있는 한 사람 한 사람") 해야한다.

④ 어린이가 무엇을 해야 되는지를 분명하고 정확하게 말해야 한다.

⑤ 눈을 감고 손을 들어야 하는지, 그냥 손을 들어야 하는지, 일어서서 나가야 할지, 그리고 초청 후에 어디로 가서 어떻게 해야 할지를 구체적으로 해야 한다.

나. 초청의 단계는 다음과 같다.

① 들려준 복음의 내용을 간단히 요약 진술하고

② 이 부르심은 하나님으로부터 온 것임을 이해시키기 위해 하나님의 조건과 약속이 포함된 성구를 사용하여(요 3:16, 1:12, 행 16:31, 요 5:24).

③ 눈을 감고 머리를 숙이게 한 후
④ 초청에 반응을 보이도록 개인적인 용어로 질문을 하여 ("만약 예수님을 마음에 모시기 원한다면…")
⑤ 응답하는 방법을 알려주고("눈을 감은 체로 오른손을 드세요")
⑥ 그 다음 행동을 제시해야 하고("손을 내리고…이 시간을 마친 후 ○○○로 모이세요.")
⑦ 기도로 마친다.

다. 초청하는 방법은 다음과 같다.

① 손을 들어 표시하게 하든지
② 그 자리에 일어서게 하든지
③ 조용히 나오게 해서 별도의 장소로 곧 바로 가게 하든지 할 수 있다.
여기서 한가지 주의할 점은(다 눈을 감고 있기 때문에)신속하게 하되 이 방법 중에서 한 번에 한가지만 사용하고 이때 초청에 응한 어린이는 상담을 위해서 보아둘 필요가 있다.
초청은 하나님의 부르심을 대신 들려주는 것이기 때문에 성령께서 인도하시도록 맡기는 신뢰의 기도가 필요하고, 어린이 언어와 단어의 개념으로 피상적인 질문을 피하고 주님을 경외하는 조용한 어조로 해야 한다.

(4) 반응 처리가 있어야 한다.

복음을 듣고 초청에 응한 어린이가 남아서 별도로 결신의 시간을 가지게 되는데 이 결신 상담의 시간은 어린이의 영원한 운명에 영향을 주는 중요한 기회가 된다. 보편적으로 결신을 위한 상담은 다음 네가지의 단계를 거치게 되는데 초청에 응한 어린이를 한 사람씩 조용한 곳으로 데리고 가서 시작한다.

가. 확인 단계

교　사: (왜) 남았니? -손 들었니?- 무얼 말하고 싶니?

어린이: 하늘나라에 가고 싶어서요. 죄 용서받고 싶어서요. 하나님 자녀가 되고 싶어서요. 예수님을 마음에 모시고 싶어서요...

교　사: (필요) 왜 그렇게 하기 원하니?

어린이: (거의 대부분의 어린이에게서 위의 네가지 대답 중 어느 한가지 대답이 나오게 된다).

교　사: (질문) 예수님께서 너를 위해 하신 것이 뭐니?

어린이: (복음을 정확히 들은 어린이는 들은 데로 이야기한다.)

교　사: (질문) 지금 예수님께 뭐라고 말하고 싶니?

어린이: (초청에 응한 이유대로 대답할 것임.)

교　사: (없으면 다음 단계로 있으면 죄 문제나 확신이 부족해서 그러기 때문에 확신 단계로).

나. 영접 단계

교 사: (질문) 예수님이 너에게 하신 약속이 뭘까? (요한복
음 1:12, 3:16 등을 보여주고 읽게 함)
어린이: (요 1:12, 3:16을 한 구절만 읽게 하고 확인케 함)
교 사: (권고) 지금 말씀드려라.
(* 이때 간단히 할 수 있는 기도의 형식을 손가락
을 가지고 조언해 준다. 엄지는 하나님, 검지는 나
는 죄를 지었어요. 중지는 그러나 나를 사랑하시니
고마워요, 약지는 예수님 지금 내 맘속에 오세요.
지지는 예수님 이름으로 기도합니다. 아멘)
어린이: (있는 그대로 솔직하게 기도함)
* 이 기도는 신앙고백의 기도이며 예수님 영접의
기도이다(마 16:16, 롬 10:10-11).

다. 확신 단계

교 사: (질문) 너는 누구의 자녀니? 어떻게 아니?
어린이: (자신의 마음 속에 있는 신앙의 고백을 하게 됨)
교 사: (질문) 너의 죄는 어떻게 되었을까?
어린이: (생각나는대로 대답함)
교 사: (질문) 하나님의 또 다른 약속이 뭔지 아니?
* 결코 떠나지 않으신다(히 13:5-6).

　　　　* 죄 지었을지라도 자백하면 된다(요일 1:9).
어린이: (성경을 직접 읽고 확인케 한다).

라. 성장의 단계

교　사: 하나님의 자녀된 너에게 예수님은 원하시는 것이
　　　　있단다.
어린이: (자라야만 되요)
교　사: (질문) 갓난 어린이가 자랄려면 어떻게 해야 될까?
어린이: (나름대로의 생각을 대답함)
　　　　* 교사의 설명: 기도하라(호흡), 성경읽고 순종하
　　　　라(양식), 예수님을 증거하라(운동), 교회에 출석하
　　　　라(도움받음).

　이 때 주의할 사항은 반드시 성령의 역사하심을 의지하고
기도하는 마음으로 임하는 것이 절대 필요하다. 왜냐하면 이
때가 사탄과의 최고 접전의 때이기 때문이다. 그리고 말씀의
능력을 힘입고 이용하여 친근하고 긍정적이 자세를 가지고
단순하고 쉬운 용어로 하되 "예"나 "아니오"로 대답하지 않
는 질문을 사용해야 한다.

2. 도구

다양한 연령층의 어린이들의 주의를 끄는 데에는 무엇보다도 시각재료들이 결정적인 역할을 한다. 왜냐하면 그들은 전개되는 공과의 시각재료나 자료를 통해 주의를 집중하게되고 전달하는 내용의 의미를 보다 정확하고 쉬우며 바르게 이해하게 되기 때문이다.

효과적인 각종 도구를 이용할 때에 단순화된 그 진리는 어린이든지 큰아이든지 간에 큰 가치를 지니게 된다.146) 그러나 한가지 유의할 사항은 시각물이나 각종 재료 혹은 자료는 반드시 하나의 도구로 사용되어야지 그 자체가 하나의 목적이 되어서는 안된다는 것이다.

어린이들의 호기심을 고무시키며 부담없이 접근할 수 있게 하는 매개체 역할을 하고 복음의 내용을 짧은 시간에 단순하고 확실하게 전하게 해주고 시각적인 효과를 극대화하는 자료로서 "글없는 책』(Wordless Book)이 있다.147)

이 글없는 책은 그 크기를 다양하게 만들 수 있는데 주머니에 넣고 다니면서 언제든지 개인적으로 혹은 그룹으로 전도에 손쉽게 사용할 수가 있다. 그 내용은 다음과 같다.

(1) 황금색

이 부분에서는 "하나님은 창조주가 되신다. 그 하나님은 거룩하시고 너를 사랑하신다. 또한 영원하고 놀라운 집 곧, 하나님 나라를 준비하고 계신다. 지금도 너를 부르고 계신

다양한 연령층의 어린이들의 주의를 끄
는 데에는 무엇보다도 시각재료들이 결
정적인 역할을 한다.

다"는 메시지를 들려준다. 그 중심 성경구절은 '요 3:16'이
다.

(2) 어두운 색

여기에서는 "이 땅에 모든 사람은 다 그 하나님 나라와 그
에게 갈 수가 없다. 그 이유는 죄 때문이다. 죄란, 하나님이
기뻐하지 않는 모든 것이 다 죄인데 바로 나 자신이 죄인이
다. 죄인으로 태어났기 때문에 죄를 짓는다. 그 죄의 결과는
심판 곧, 죽음(영원히 하나님과 분리됨)이다"라는 메시지가
있다. 그 중심 성경구절은 '로마서 3:23'이다.

(3) 붉은 색

이 부분은 "그러나 하나님께서 놀라운 계획을 가지고 계시
는데 곧 그 아들 예수님을 주셨다. 예수님을 하나님의 아들로
서 죄 없이 우리의 죄를 대신해서 죽으시고 피흘려 주셨으며
장사 지낸 바 되셨다. 그리고 때가 되면 다시 세상에 오실 것
이다"라는 메시지이다. 그 중심 성경구절은 '고전 15:3-4'이
다.

(4) 흰색

여기에는 "그러기 때문에 모든 죄를 해결해 놓으셨다(해결 받을 수 있다). 하나님의 약속의 말씀을 의지하고 믿기만 하면(예수님을 영접하기만 하면) 영생을 얻는다. 모든 죄는 용서받고 영원한 하나님 나라에 갈 수 있다는 구원의 확신과 함께 하나님께서는 믿는 자를 버리지 않으신다는 또 다른 약속이 있다"는 메시지가 있다. 그 중심 성경구절은 '요 1:12, 히 13:5-6'이다.

(5) 초록색

이 부분은 앞의 복음의 내용을 들은 후 결신한(결신 상담을 통해) 어린이에게 하나님은 무엇을 원하시는지에 대해서 그리고 어떻게 해야 하는지를 말해 주는데 "하나님께서 아버지가 되셔서 원하시는 것은 속 사람의 성장이다. 예수님을 영접한 후에 범죄했을지라도 자백하기만 하면 용서받을 수 있으며 자라기 위해서는 기도하고, 성경말씀에 순종하며, 다른 사람에게 예수님을 전하며, 더 잘할 수 있도록 교회에 출석해야 한다."라는 메시지이다. 그 중심 성경구절은 '요일 1:9, 벧후 3:18'이다.

그 외에도 융판 교재, 화극 자료, 전도용 소책자, 인형 등 복음을 전하는데 도구로 사용될 수 있는 것들이 많이 있다.

3. 프로그램(program)

여기에서 다루고자 하는 내용은 어린이 전도를 시행함에 있어서 그 가능성과 효율성을 바탕으로 한 종목들일 뿐 아니라 현실적으로 실시되고 있는 프로그램들이다.[148]

(1) 가정 중심의 전도

① 새소식반 전도(Good News Club=G,N,C).

이를 가정 성경반이라 부르기도 하는데 훈련받은 교사가 한 주간에 한 시간씩 정기적으로 집 주위의 어린이를 지정된 신자의 가정에 모아서 전도하여 결신한 어린이를 양육하여 가까운 복음적인 교회로 인도하는 전도와 양육을 겸한 프로그램이다. 그 기간은 봄학기(3월-5월)와 가을학기(9월-11월)로 나누어서 실시한다. 그 모임의 내용은 찬송, 요절 암송, 성경공과, 선교시간(선교 및 선교사 안내와 헌금과 기도), 복습게임, 기도 그리고 각종 상담(결신상담, 문제상담) 등이다.

이 프로그램의 효율적인 운영과 기술 및 자료의 공급을 위하여 주간 강습회를 실시한다.[149]

② 성탄파티 전도

이를 예수님 생일잔치라고도 부르는데, 성탄을 전후한 약 한주간 동안에 아무때든지 한시간 동안 주위의 어린이를 집으로 초청하여 간단한 파티와 함께 성탄의 의미를 알려주고 난 뒤 결신 상담을 하게 된다.

③ 꽃잔치 전도

5월 5일 어린이날을 전후하여 가장 적당한 날에 한시간 동안 집주위의 어린이를 가정에 초청하여(초청장으로) 어린이날(혹은 어린이 주간)의 의미를 설명하고 간단한 파티와 함께 복음을 들려준 후 결신하도록 상담하는 전도이다.

(2) 야외에서의 전도

① 3일클럽 전도(3day's Club=3DC)

여름과 겨울 방학 기간 중 특별히 교사들을 집중훈련하여 (약 4박 5일간) 3-4명을 한 팀으로 공원이나 놀이터 그리고 골목마다 흩어져서(겨울에는 교회당에서) 어린이들을 모아 복음을 전하여 가까운 복음적인 교회로 인도하는 전도이다.

기간은 방학기간 중이며 대개 훈련 한 주간, 전도실시 두 주간으로 하고 하루에 2-3클럽으로 3일간 같은 장소에서 모인다. 그 내용은 찬송, 요절암송, 성경이야기, 선교실화, 복습게임, 결신상담 등이다.

② 여행 전도

훈련된 교사를 몇 그룹으로 나누어서(한팀에 3-4명씩) 1-3일간 가까운 외곽 지역이나 소외 지역을(무교회 지역 포함) 찾아가서 어린이들을 모아 개인 및 팀으로 복음을 들려주고 어린이들을 결신시키는 전도이다.

③ 대회 전도

어린이 날을 맞아 고궁이나 공원으로 놀러오는 어린이들을 대상으로 인형극 및 성경 이야기 그리고 선물을 나눠줌으로 야외 집회로 복음을 전하여 결신 상담을 하고 또 훈련된 교사를 통해 개인 전도를 겸하는 집중 전도이다.

(3) 집회를 통한 전도

① 초등학교 전도

초등학교 가까운 교회를 장소로 정하여 먼저 그 교회를 중심으로 결신 상담 훈련을 1-2회에 걸쳐 집중적으로 시키고 학교 앞에서 초청장(전도지로 제작된 것)을 나눠 준 후에 어린이들을 교회당에 모아서 하루 2-3회 찬송, 10분 메시지, 초청, 결신 상담 그리고 인형극이나 영화를 관람하고 그 어린이들을 교회로 연결시키는 학교 단위 복음화 목적의 놀라운 전도이다.

교회에서는 전도지 제작과 어린이들에게 나눠 줄 약간의 간식만 준비하면 된다.

② 어린이 부흥회

이를 어린이 전도집회라고도 하는데 개교회 단위로 주위의 어린이들에게 교회를 알리고 전도하며 또한 교회로 자연스럽게 연결되도록 하는 목적으로 여러가지 재미있고 다양한 내용으로(영화나 인형극, 파티, 행운권 추첨 등) 흥미있게 하면서 메시지를 듣게 하여 결신시킨 후 교회로 이끌어 들이는 전도 방법이다.

③ 초청 잔치

주일학교 부서에서 반 단위별 혹은 학년별로 베가 운동을 목적으로 간단한 파티를 준비하여 친구나 짝을 초청함으로 먼저 친구들과 분위기에 익숙하게 한 후 개인 상담을 통해 결신시키고 교회 생활로 이어지게 하는 전도이다.

(4) 특별 전도

① 성경 Camp

어린이를 모집하여 4-6일간에 걸쳐 일정한 시설(여름에는 텐트)에서 체계적인 성경공부와 함께 훈련받은 상담 교사가 여러 종류의 단계적인 상담으로 결신 시킨다. 실제적인 생활 훈련을 통해 새로운 삶의 습관을 기르는 어린이 변화의 획기적인 프로그램이다.

② 통신 학교

우편을 통해서 복음의 시설을 접하게 하며 결신과 성장을 꾀하는 통신 전도로서 총 5과로 되어 있다. 1과에 들어가 전에 숨은 그림 찾기가 들어있는 등록을 위한 안내지가 있고 그것을 통해 접수가 되면 제1과 어두운 마음(죄), 제2과 이루어진 약속(대신 죽으신 예수님), 제3과 깨끗한 마음(부활과 용서), 제4과 하늘나라(구원과 영생), 제5과 예수 안에서 자라 남(성장) 등의 순서로 진행이 되는 구원의 메시지와 성장의 기초 내용이 담긴 어린이 전용의 통신공과로 과정을 다 마친 후에는 수료증과 선물을 받게 된다. 개인적으로나 혹은 교회 단위로도 실시할 수 있으며 다른 전도집회 후의 양육 프로그램으로 사용된다.

③ 시설 및 기관전도

유치원, 고아원, 선교원, 학원 그리고 병원, 특수 아동시설 등을 대상으로 준비된 교사가 정기적으로 방문하여 전도하고 상담하는 프로그램이다.

(5) 매체 전도

① 전화전도

전화 및 전화 사서함이나 자동 응답기를 이용하여 어린이들이 다이알만 돌리면 언제든지 복음의 메시지를 듣게 하고 다른 전화를 통해서 상담해주는 프로그램이다.

② 매스컴 전도

라디오, 유선방송을 통해서 복음을 전하는 프로그램이다.

이상에 소개된 프로그램 외에도 여러가지 방법들이 있으나 그 대표적인 것을 예로 들었을 뿐이다. 이들 프로그램을 통해서 한해 동안에 23만 여명이 전도되고 6만여명이 결신한 예가 있다.[150]

종 목	전도수	결신수	종 목	전도수	결신수
새소식 반	63,647	14,175	어린이 부흥회	31,826	6,318
성탄 파티전도	35,046	13,411	야외 전도	10,816	4,202
꽃잔치 전도			성경 Camp	1,474	894
3일 클럽 전도	29,299	13,474	통신 학교	10,237	1,805
여행 전도	947	731	기관 전도	990	
대회 전도	30,358	4,244	전화 전도	1,857	
국민학교 전도	46,504	3,093	기타 전도	15,032	2,930

이들 전도 프로그램의 특징은 다음과 같다.

① 철저하게 훈련된(메시지 전달, 결신상담)교사들로 팀이 구성된다.

② 놀라운 시각자료(성경의 거의 대부분 시각화된 융판 교재나 화극 교재 그리고 보조 자료들)를 효과적으로 사용한다.

③ 반드시 복음적인 가까운 교회로 연결시킨다.

제 7 장
어린이 전도의 지속적 대책

"오직 우리 주 예수 그리스도의 은혜와
저를 아는 지식에서 자라 가라
영광이 이제와 영원한 날까지
저에게 있을지어다"

(벧후 3:18)

✝ 어린이들을 모으리

인생의 험로를 가면서 어떤 이들은 돈을 모으고,
어떤 이들은 장미꽃들을 모으며 인생의
어려움으로부터 휴식을 얻고자 하네
허나 나는 죄의 가시덤불로부터 어린이들을 모으며,
나는 황금색 곱슬 머리와, 죽은 깨의 얼굴과
이 빠진 채 웃고 있는 어린이를 찾으리
돈으로 영원한 그 나라에 갈 수 없고
모았던 장미꽃도 금시 시들어 없어지나
오 해지는 저 편을 내가 건너갈 때
그 웃음 띤 어린이들을 넓게 열린 천국 문으로
나는 데려갈 수 있으리라.

1. 사후 관리로서의 효과적인 육성

"오직 우리 주 예수 그리스도의 은혜와 저를 아는 지식에서 자라 가라 영광이 이제와 영원한 날까지 저에게 있을지어다"(벧후 3:18)

어린이 사역자들은 대체로 두가지 책임을 져야 한다. 잃어 버린 어린이들을 복음화하는 것과 구원받은 어린이들을 조형하는 것이다. 그리스도가 없는 어린이들은 영적으로 죽어 있으며(엡 2:1), 영적 생명이 필요하다(요일 5:12). 성령님은 전도와 교육을 사용하여 잃어진 어린이들을 중생시키며 생명으로 이끄신다(요 3:3-7, 벧전 1:23)

그리스도를 영접한 어린이들은 영적 생명를 가지고 있으나(요 3:16), 성장하기 위해 영적 음식이 필요하다(엡 4:15, 벧후 3:18). 성령님께서는 그들이 자랄 수 있도록 하나님의 말씀의 설교와 교육을 사용하신다(벧전 2:2, 골 3:16, 딤후 3:16-17)

육성하는 일의 중요성을 아무리 강조해도 지나치지 않다. 어린이들을 그리스도에게 인도한 사람이 그들을 육성할 수 있는 모든 일을 하며 먹이고 또 성장하도록 도울 책임이 있다. 전도에만 배타적으로 관심을 쏟으며 육성을 소홀히 하는 어린이 사역을 성경적이라 할 수 없으며 효과를 기대할 수 없다.151)

(1) 성경적 근거

마 28:19-20에서 주 예수님은 육성 사역을 포함한 명령을 하시는데 "그러므로 너희는 가서 모든 족속으로 제자를 삼아 …내가 너희에게 분부한 모든 것을 가르쳐 지키게 하라."고 하셨다. 주님은 지상에서의 대부분의 시간을 자기를 따르는 자들을 가르치는데 보내심으로 새신자 육성에 대한 완전한 모범을 제공하시기도 하셨다.

사도 바울도 직접적이고도(딤후 4:2) 실례를 들어(행14:22) 육성을 강조하고 있다. 능력있는 전도자였지만 그는 신자를 가르치는 일의 중요성을 거듭 강조하면서 이 분야의 사역에 많은 시간과 노력을 쏟았다(딤후 2:2). 또는 그의 서신은 지방 교회에서 새신자를 육성하는데 도움이 되도록 쓰여졌다. 디모데와 오네시모는 그가 특별히 개인적으로 돌 본 예이다.

오늘날 교회에 성령께서 주시는 가장 큰 선물 중의 하나는 가르치는 은사이다. 에베소서 4장 12절에 이런 은사를 주신 목적이 분명히 나와 있는데 "이는 성도들을 온전케 하며 그리스도의 몸으로 세우려 하심이라."고 했다. 거듭난 어린이들은 성도이며 그리스도의 몸의 지체들이다(엡 1:1, 6:1-3). 그들 모두가 가르침을 받아야 하며 봉사의 일을 할 수 있도록 영적성장으로 인도되어야 한다.

> 육성 사역에서 실패하는 중요한 요인의
> 하나는 기초마저도 없는 곳에다 집을 지
> 으려고 하는 경우이다

(2) 기본 원리들

모든 육성 사역은 하나님께 달려 있다. 바울은 심었고 아볼로는 물을 주었으나 오직 자라게 하시는 이는 하나님이시다(고전 3:6-7). 하나님만이 구원받은 어린이를 은혜가운데 자라게 하실 수 있다.

어린이가 주 예수 그리스도를 구주로 영접하게 되면 그것은 시작일 뿐 끝이 아니다. 그의 새생명은 이 때부터 시작되는 것이다. 육성 사역이 없다면 그리스도를 구주로 영접한 어린이는 "그리스도 안에 있는 갓난 아이"로 남게 된다.

간과되어서는 안될 것은 어린이가 정말 거듭나지 않는다면 육성 사역이 성공할 수 없다는 것이라는 점이다. 육성 사역에서 실패하는 중요한 요인의 하나는 기초마저도 없는 곳에다 집을 지으려고 하는 경우이다. 우리의 어린이 전도는 성경적이어야 하며, 균형을 유지하며, 성령님께 전적으로 의지해야 함을 명심해야 한다.152)

여하튼 어린이가 육성될 수 없는 것처럼 보일 때에라도 전도는 필요하다. 때때로 주위 환경 때문에 육성이 불가능할 경우도 있지만 우리의 첫번 과제는 그 후에 어떻게 되든지 간에 전도하는 일이다. 예를 들어 우리가 강 이편 둑을 걷고 있는데 건너편에서 어린이가 물에 빠졌다고 하면 우리는 그를 구해주어야 할 것이다. 우리가 그 어린이를 건져내어도 따뜻한 음식과 마른 옷을 주지 못할거라고 하여 그를 구해줄 수 없다고 말할 수 있겠는가? 물론 그 후에 도울 수 있는데까지 그를 도와주어야 하지만····.

(3) 내용

구원받은 어린이를 신실하게 규칙적이고 조직적으로 가르쳐야 할 중요한 진리들이 많이 있다.

① 어린이에게 구원의 확신과 그리스도 안에서의 지위를 가르쳐야 한다. 즉, 어린이의 구원이 감정에 의한 것이 아니라 하나님의 말씀의 약속에 근거함을 가르친다(요일 5:12-13). 구원의 확신도 자신과 다른 사람들이 자신의 변화된 삶을 볼 수 있는 분명한 증거를 근거함을 가르친다(요일 2:3,5,29, 3:3,6,9,14,19, 4:7,12,15, 5:2).

성령님께서는 어린이가 하나님의 자녀임을 확신하도록 하기 위해 기록된 성경과 어린이 안에서의 직접적인 사역을 이용하신다(롬 8:15-17, 갈 4:6, 요일 3:24).

② 어린이가 성경을 듣고, 읽고, 공부하고, 암기하며(신 11:18, 시 119:11, 골 3:16), 그 말씀을 묵상하는데 성경을 사용하도록 고무되어야 한다. 어린이는 성경 자체에 대한 지식 즉, 말씀 하나하나가 처음부터 끝까지 영감되었다는 것과 (딤후3:16), 하나님께 선택된 사람들에 의해 기록되었으며, 기록하는 모든 과정에서 성령께 인도되었다는 것과(벧후 1:21), 성경을 없애려는 원수들의 계속적인 공격에도 불구하고 보존되어 왔다는 것과(마 2:35), 성경이 세상 어느 책보다 가장 많

은 나라 말로 번역되어 출판되었을 뿐 아니라 가장 많은 사람에게 읽혀진 책이란 것도 알려주어야 한다. 또한 살아 있는 말씀이 할 수 있는 일들 곧, 사람들이 죄를 깨닫게 하고, 그리스도께 인도하며(벧전 1:23), 성령님의 인도하심을 통해 성장하는데 도움을 준다는 것을(벧전 2:2) 가르쳐 주어야 한다.

③ 어린이는 또 매일 매일의 기도 생활이 중요하다는 것을 배워야 한다(골 4:2, 살전 5:17). 그는 전혀 기도해본 적이 없을지도 모르며 전능하신 하나님께(느 1:5) 기도하는 것이 무엇인지 몰라 그에게는 두려운 일이 될지도 모른다. 그러나 기도는, 하나님의 가족이 된 자의 특권이며, 우리는 사랑하시고 우리의 하늘 아버지이신 하나님께 간단하게 말하는 것까지도 다 포함된다는 것을 가르쳐야 한다(요 16:23), 또 어린이에게 기도의 네가지 면 곧 찬양, 고백, 감사, 간구를 가르쳐야 한다. 또 기도의 응답에 대한 다른 방법도 가르쳐야 하는데 그것은 곧 그래, 안돼, 기다려 등이다.

④ 믿는 어린이들은 하나님께 존경, 순종, 믿음과 사랑으로 반응해야 하는 곳과 다른 사람에게 특히 부모님께 대한 책임에 대해 배워야 한다(출 20:12; 엡 6:1-3; 골 3:20). 그들은 친구들이 하는 말에 따르거나 옳고 그르다는 감정에 의해서가 아니라 성경에 근거한 기독교인의 행위 표준과 규범을 배워야 한다.153)

하나님을 기쁘시게 하는 행위는 신자로서의 성령의 열매(갈 5:22-23)와 그리스도에게 접붙혀져 맺는 열매인 것이다.

⑤구원받은 어린이는 또 성경의 방법과 성결에 대한 진리

를 알아야 한다(설전 4:3). 그들은 비록 구원받았지만 죄가 계속해서 그들이 삶 속에 들어온다는 사실을 알 필요가 있다. 그러나 하나님이 오히려 그 죄를 이기도록 도와 주심을 또한 가르쳐야 한다(살전 4:7; 벧전 1:16). 성령님은 하나님의 말씀을 통하여(요 17:17; 시 119:9) 일하시는 성결의 원천이 되신다(고전 6:11; 벧전 1:2). 그러나 어린이들이 여기에 협력하고 기꺼이 하려는 마음이 필요하다(롬 8:13; 골 3:2,5). 그들의 성결의 목표는 그리스도의 형상으로 점차 닮아가는 것임을 알게 해야 한다(고후 3:18; 롬 8:29).

⑥ 어린이가 그리스도인의 생활 속에서 입술로(벧전 3:15), 또는 생활로(마 5:16) 하는 전도(1:8)의 중요성에 대해 가르쳐야 한다. 그들이 비록 설교는 할 수 없다 해도 주일학교에 참석하고 식사 때마다 감사하고 또 교회 생활하는 것이 다른 사람에게 기독교인을 증거하는 것이며 전도하는 것이라는 사실을 가르친다. 또한 자신의 믿음을 보여 줄 수 있는 여려가지 방법을 훈련받도록 해야 한다.

⑦ 어린이가 선교에 대해 흥미를 갖게하기 위해 성경에 있는 선교에 대한 가르침을 알게 해야 한다(마 28:19,20; 막 16:15; 눅 24:46-48; 요 20:21; 행 1:8). 그들에게 선교와 헌금을 가르치기 위해 선교사가 하는 일을 설명해 준다.

(4) 방법

사도 바울은 데살로니가 성도들에게 쓴 편지에서 성공적인 육성 방법과 원리들을 제시하여 주고 있다.

① 기도(살전 1:2; 3:10; 3:12; 살후 1:11). 일반적으로 사람들은 기도를 마지막 수단으로 잘못 생각하고 있다. 그래서 육성에 필요한 다른 일들을 다하고 나서 더 이상 도리가 없을 때 비로소 기도를 하는 잘못을 저지른다. 어린이를 그리스도께 인도하는 일에 있어서의 기도는 최우선의 것이며 육성계획에 있어서도 가장 중요한 부분이다. 기도는 바울의 새신자 양육의 기본적인 도구였다.[154)

② 정기적이며 직접적으로 교육(설전 2:11; 살후 2:5). 육성에 있어서 기도에 가장 효과적인 수단은 구원받은 어린이에 대한 정기적이고도 직접적인 교육이다. 모든 충실한 육성은 성경을 조직적으로 가르치고 어린이가 기독교인다운 삶을 사는데 필요한 성경의 진리를 배우게 하는 일에 있다.

③ 칭찬과 격려. 바울은 그의 서신서에서 믿는 이들 중에 잘못된 교리나 행위가 있는 것은 지적해 주고 있으나 반드시 먼저 그들의 생활과 봉사에 적극적인 면을 칭찬해 주고 있다. 그러므로 우리는 믿는 어린이들의 적극적인 면을 칭찬해 주고 용기를 불어 넣어 주므로 그들의 시정 사항을 지적하기 전에 먼저 우리에게 용납되고 있다는 확신을 갖게 해야 한다.

④ 환란의 경고(설전 3:4). 바울은 신자들이 앞으로 만나게 될 시련에 대해 알고 있었다. 어린이가 그리스도께 인도되면 기독교인이라고 증거해야 할 일과 같은 여러 문제가 있게 된다. 물론 규칙적인 봉사를 통해 이런 어려움을 해결받게 되지

만 어린이가 어려움을 당할 때 하나님이 어떻게 힘을 넣어 주시며 승리케 하시는지를 가르쳐 주어야 한다.

⑤ 교회 인도(살전 2:14). 바울은 하나님의 계획 안에서의 개체 교회의 중요성과 가치를 알고 있었다. 그러므로 신자가 자동적으로 교회의 일원이 되는 것은 분명한 것이다. 그리스도께 나온 어린이는 가능한 한 성경을 충실하게 가르치는 교회의 사역에 참여하고 그 생활에 인도되어야 한다. 반이나 구역에 소속시켜서 다른 어린이들과 동호되도록 하는 것이 대단히 중요하다.

⑥ 방문(설전 2:18; 3:11). 바울은 방문하는 데 유명한 신자였다. 그리스도께 인도된 어린이를 방문(심방)해야 한다. 이 방문(심방)은 어린이와 좋은 관계를 갖게하고 그에게 영적인 도움을 줄 수 있으며 특히 그의 부모와의 접촉이 가능하게 된다 .

⑦ 동역자 찾기(설전 3:2). 바울은 모든 신자를 방문하는 것이 불가능하였기에 그는 디모데를 보냈다. 어린이를 그리스도께 인도하는 교사는 직접 어린이를 방문하기가 항상 가능한 것은 아니다. 그러므로 그 일을 대신할 사람을 찾아 필요한 모든 자료와 도움을 줄 수 있게 한다.

⑧ 손쉬운 육성자료를 활용해야 한다. 곧 구원의 도리와 성장의 요소 그리고 그에 필요한 방법을 다룬 간단한 전도지나 통신과정 그리고 공부 교재 등을 활용할 수 있을 것이다. 특히 개인용 성경을 소지하여 읽게하는 것은 대단히 중요하다.

⑨ 편지(살후 3:17). 사실상 바울 서신은 새신자에게 쓴 육성 편지이다. 편지는 구원받은 어린이와 계속적인 접촉을 하는 데 놀라운 방법이 된다. 그들에게 개인적인 편지를 쓰는 일에 노력을 아끼지 말아야 할 것이다.

만일 이것이 불가능하다면 인쇄된 성경 통신 공과 같은 것을 이용할 수도 있다.

⑩ 하나님께 위탁(살후 3:3-3). 바울은 신자들을 지키고 강하게 하시는 하나님의 능력을 신뢰했다. 우리는 구원받은 어린이를 육성하는 데 우리의 할 수 있는 일을 다해야겠으나 궁극적으로는 하나님의 신실하심에 맡기고 하나님께서 자기 자녀들을 돌보신다는 사실을 믿어야만 할 것이다. 그 분은 신실하시다.

전도된 어린이를 어떻게 육성시키느냐는 전도 만큼 중요한 과제이다. 전도의 열매를 보존하고 성숙하게 하며 더 나아가 번식시키는 것이 육성이라면 과정과 단계가 필요한 것이다. 태어난 어린 아이가 하루 아침에 자라지 않으며 심겨진 씨앗이나 나무가 금방 성장하지 못하는 것처럼 그들에게도 성장을 거쳐 성숙에 나아가기까지는 시간이 필요하다. 그러기 때문에 조급함은 금물이다. 기다려야 한다.

때로는 성장의 표시가 없는 어린이들이 발견될 경우에는 끊임없이 기도하고 개인 상담을 가져 문제점을 찾고 성경 말씀을 중심으로 특별히 지도해야 한다.[155] 성장은 그리스도인의 가장 큰 특권이다. 어린이가 스스로 걷게 되고 스스로 진리를 터득하게 되는 것 보는 것은 예사로운 기쁨이 아니다(요

전도의 사명은 말로 이해가 될지는 모르
나 전도를 하도록 하기 위해서는 말 이상
의 훈련이 필요하다

삼 4). 제자를 만들고 선교의 지상 명령을 완수하는 일은 꼭
필요한 것이다.

충성스럽게 부지런히 이 일을 할 때 하나님께 큰 기쁨을
드릴 수 있게 되는 것이다. 육성이 전도 사역의 필요한 한 부
분이 되므로 복음 전도 사역은 점점 더 풍성하게 될 것이다.

2. 전도자 확보와 훈련

(1) 훈련이 필요하다

군인이 전쟁에서 승리하려면 좋은 무기와 그 무기를 사용
하는 방법과 함께 피나는 훈련이 있어야 하는 것과 같이 교
사는 영적 싸움에서 승리하기 위해서는 전도자의 훈련을 잘
받아야 한다. 전도자들을 훈련함은 마귀의 세력을 대항하여
혹은 세상과 싸워 복음으로 승리하기 위한 최대의 방법이다.

많은 교회에서 전도가 강조된다. 설교를 하기도 하며 특강
을 통해서도 강조된다. 그러나 정말 교인들이 전도하는 교사
(전도자)가 되기 위해서는 전도하는 모습을 보는 것으로부터
시작되는 전도의 훈련이 필요하다. 즉 직접적인 전도 훈련이
필요하다는 말이다.

전도의 개념을 바로 이해한 다음 따라야 하는 것은 전도
훈련에 관한 문제이다. 교회마다 전도에 관한 설교를 하지 않

는 것은 아니다. 전도에 대한 설교를 통해서 전도 받고 결심도 하지만 전도가 계속되지 않는 경우가 거의 대부분이다. 그 이유는 전도를 위한 훈련이 없기 때문이다. 전도의 사명은 말로 이해가 될지는 모르나 전도를 하도록 하기 위해서는 말 이상의 훈련이 필요하다.[156)

예수님이 제자들을 훈련시킬 때는 하나님 나라와 여러가지 교훈을 가르치셨다. 대중에게도 말씀을 전파하셨으나 제자들 열 둘만을 모아 놓고 가르치셨다. 그러나 전도를 가르치실 때는 모아놓고 강의하신 것이 아니라 자신이 전도하는 것을 직접 보여 주셨다. 그리고 그들을 직접 보내시고 실제로 해보도록 하셨다. 말씀의 능력으로 모두를 놀라게 하셨던 예수님이지만 전도만큼은 말로만 하지 않고 직접 보이셨다. 이것이 전도와 그 훈련의 특성이다.

교육은 이념과 개념을 유능한 교사가 수많은 사람들에게 원하는 내용을 전달하는 것인데 비해, 훈련은 습득한 기술의 전달을 요구하는 것이므로 개인적인 지도가 필요하다. 전도의 정의와 내용에 대해서는 가르칠 수 있지만 전도하는 것은 강의를 넘어서 실제를 보여 주면서 계속적인 훈련을 통해서만 익힐 수 있다. 왜냐하면 복음의 내용이나 방법은 강의로 전달되지만 전도하는 모습은 강의로 담을 수가 없기 때문이다.

(2) 전도자가 된 목회자가 필요하다

현대 교회의 약점은 바로 전도자 훈련의 결핍으로 인해 패배 내지는 소강상태에 처한 것이다. 그렇기 때문에 전도의 주도권을 쥐고 있는 목회자들이 전도의 중요성 강조와 함께 실제로 훈련을 시킬 수 있어야 한다. 교회는 전도 훈련이 필요하고 전도하는 목회자가 필요하다. 그러기 위해서는 목회자 자신이 전도 훈련을 받고 전도하는 사람이 되어야 한다. 혹자는 양이 양을 낳지 목자가 양을 낳느냐고 반문할지도 모르나 예수님의 예는 이러한 논리를 반증한다. 빌리 그래함처럼 군중을 모아 놓고 전도도 하셨지만 개인 전도도 꾸준히 하셨다. 그 유명한 니고데모와의 대화나 수가성 여인과의 대화는 예수님의 개인 전도의 가장 좋은 예가 될 것이다.

교회가 전도의 사명을 제대로 감당하기 위해서는 전도의 훈련이 필요하다. 전도훈련을 하는 교회가 되기 위해서는 전도하는 목회자가 필요하다.[157] 교회가 할 일이 많이 있기는 하지만 무엇 보다도 교회는 전도하는 교회가 되어야 한다. 그러기 위해서는 교회 안의 모든 성도들은 전도하는 성도가 되어야 한다.[158] 주님은 오늘날 교회의 목회자들에게 다시 한 번 촉구하신다. "너는 말씀을 전파하라 때를 얻든지 못 얻든지 항상 힘쓰라."(딤후 4:2)고 말이다.

(3) 훈련 내용이 필요하다

전도자를 훈련하는 것에 있어서 중요한 것은 전도가 무엇이며 왜 해야 하는가라는 근본적인 것과 복음 전도의 내용 즉 하나님과 예수님 그리고 성경을 알게하고 믿게 하는 자신이 먼저 그리스도인이 되게 하는 것이라 할 수 있다. 그리고 전도의 방법과 반대 세력을 대처하는 방법 등 실제적인 문제를 배우는 것이 훈련 내용의 기본 과제라 할 것이다.

구체적인 내용으로는 전도자의 신앙 정립을 위한 과목으로 조직신학 부문(신론, 구속론, 성령론 등)과 자신의 승리적 삶의 부문(경건의 생활, 승리의 생활)과 기술적인 부문(전도학, 어린이 전도학, 전도의 실제 실습과 연습)과 교육적인 부문(설교학, 성경교수법, 육성론 , 기독교 교육)과 어린이 이해 부문(심리학, 시각교육, 음악) 그리고 성경 지식 부문(성경개론, 이단론, 성경해석) 등이 있다.

특히 훈련과 전도가 단회적으로나 사무적으로 끝나지 않도록 계속해서 영감을 주며 열정을 유지하도록 특별한 계획(교사 부흥회, 기도회 등)도 필요하다.

(4) 전도자 확보가 필요하다

전도자를 확보하고 훈련하는 것은 서로 맞물려서 계속되게 해야 되는 데 이에 대한 책임은 교회와 목회자(지도자)에게 있다. 목회자 및 훈련된 전도 지도자(경험자)의 개인적인 접촉을 통해 평신도를 전도자로 끌어 들이고 촉구하며 확보하는 것이 가장 효과적이다.

그 대상은 어른 평신도 특히 여전도회(선교회) 회원들로서 주부들을 훈련시키는 것이 효율적인 방법 중 하나이다. 왜냐하면 기동성은 떨어지지만 지속적으로 참여할 수 있는 장점이 있기 때문이고 자신의 가정을 열어 전도의 기지로 활용하기가 용이하기 때문이다.

그리고 청년들이나 대학생(인력이 모자라는 교회는 중,고등부 학생)들을 확보하여 훈련시키는 것도 좋은 방법이다. 그 이유는 지속력을 가지고 장기적으로 하기는 어렵지만(직장 및 결혼 등으로 이동) 기동성이 탁월하고 또한 지적 수준과 훈련 적응력이 뛰어나기 때문이다. 하여튼 모든 기성세대의 평신도들을 대상으로 단계적이고 점진적인 전도의 훈련을 시도해야 할 것이다.

3. 어린이 전도에 대한 책임의식

"마땅히 행할 길을 아이에게 가르치라 그리하면 늙어도 그것을 떠나지 아니하리라"(잠 22:6)

(1) 그리스도인 부모

에베소서 6:4에서 믿는 아버지들에게 자녀들을 주 안에서 양육하라고 명령하셨다. 자기 자녀에게 전도하지 않고는 이 명령을 따를 수 없다. 믿는 자의 자녀들이 부모에 의해 그리스도께 인도되는 것이 하나님의 계획이다. 이 일은 자녀가 팔로 안을 수 있을 만큼 어렸을 때에 해야 한다. 그리스도인 부모들의 자녀들이 이렇게 인도되면 구원받지 못한 채 장성한 자녀들이 없을 것이고 우리는 가족 단위로 하늘 나라에 가게 될 것이다.

이 성경 구절을 믿는 아버지는 그의 자녀를 그리스도에게 인도하는 방법을 알고 있다는 것을 전제로 한다. 모든 부모가 그런 지식이 없으면 자녀에 대한 임무에 실패하고 만다.[159] 하나님은 부모들에게 자녀들의 구원을 책임지도록 하셨다.

(2) 교회와 주일학교

요한복음 21:15에서 예수님은 베드로에게 그의 어린양을 먹이라는 명령을 하셨는데 이는 의심할 것도 없이 어린이들을 의미하였다. 예수님은 아버지로서의 베드로에게가 아니라 교회의 지도자로서의 그에게 하신 말씀이다. 여기에서 우리 주님은 교회 지도자에게 교회의 어린이들을 책임지도록 하셨음을 알 수 있다.[160]

그들이 복음화되지 않고는 먹일 수 없고 구원받지 못한 어린이들을 먹이는 것은 하나님의 계획이 아니며 그것은 실패하고 만다. 고린도전서 2:14은 구원받지 못한 사람은 영적인

> 그들이 복음화되지 않고는 먹일 수 없고
> 구원받지 못한 어린이들을 먹이는 것은
> 하나님의 계획이 아니며 그것은 실패하
> 고 만다

것을 이해할 수 없다고 했기 때문이다. 여러 해 동안 교회에 다니고도 거듭나지 못한 어린이는 하나님의 말씀의 "의문"만을 받을 뿐인데 "그 의문은 죽이는 것"이라고 했다(고후 3:6). 얼마나 많은 우리의 자녀들이 구원을 받지 못하고 죽임을 당하는가!

어린이들에게 전도하는 것이 믿는 부모들의 책임인 것처럼 주님께서는 주일학교의 어린이들에게 전도하는 것이 교회 지도자들의 임무로 삼으셨으니 이 복음화는 전교인들의 가정의 어린이들에게까지 확대되어야 한다.

팔로 안을 수 있을 만큼 어렸을 때 어린이들이 그리스도께로 인도되어야 하는 데 그렇게 되면 구원받지 못한 채 장성할 어린이는 없을 것이다. 현재의 상태로서는 주일학교에 다니는 수많은 어린이들이 구원받지 못한 채 떠나고 만다. 하나님은 모든 어린이들(교회 안에 들어온 어린이와 교회 밖의 어린이 모두)의 구원을 교회와 주일학교의 지도자들에게 그 책임을 지우신다.

(3) 모든 그리스도인들

잃어버린 양의 비유는 그리스도인 가정이나 주일학교에 다니는 어린이들이 아닌 방황하는 인도받지 못한 어린이를 다루고 있는 것이다. 주님께서 그의 모든 제자들에게 어린이 복음화의 책임을 지우셨는데 그들을 인도하는 유일한 길은 가는 것, 즉 모든 가능한 수단을 동원하여 그들이 있는 곳으로 가는 것이다.

이 비유에서의 주님의 계획은 잃어버린 어린이들에게 먼저 전도하되 그들을 발견하는 그 자리에서 전도하고 그 후에 가능하면 그들을 교회와 주일학교에로 데리고 오는 것이다. 곧 목자의 첫째 임무는 방황하는 양에 대한 것이라는 의미이다.161)

우리의 첫번째 임무는 믿는 이로서 어린이가 아직 어리며 접촉하기 쉽고 "곤고한 날이 이르기 전에"(전 12:1) 그리고 인도하기가 힘들지 않을 때 구원하는 것이다.

예수님은 "삼가 이 소자 중 하나도 업신 여기지(값없이 혹은 소홀히 여기지) 말라."(마 18:10)고 하셨다. 어린이가 하늘나라에서는 멸시 당하지 않는다고 하셨다. 하늘나라는 그들에게 관심을 가지고 거듭남을 알고 지켜주는 천사를 구원받은 어린이에게 배당하는 것이다.162)

예수님께서 그토록 관심을 가지고 어린이 전도와 그 어린이의 개종의 사건에 하늘나라가 감동이 된다면 어째서 하나님 백성들이 이 일을 소홀히 할 수 있단 말인가? 그런데도 어린이 구원을 소홀히 여기고 미루고 기다리는 경향이 많은 데 그것은 사탄의 영향이다.

어린이들이 나이를 먹으면 구원하기가 힘들다는 것을 사탄이 모르겠는가? 누가복음 15:10에는 "이와 같이 죄인 하나가 회개하면 하나님 사자들 앞에 기쁨이 되느니라."고 했다.

그가 우리를 위하여
목숨을 버리셨으니 우리가 이로써
사랑을 알고 우리도 형제를 위하여
목숨을 버리는 것이
마땅하니라
-요한일서 3:16-

결 론

이제까지 전도에 대한 인식을 새롭게 하고 그 전제 조건이나 가능성과 원리도 고찰하였다. 더 나아가 어린이 전도의 필수 요소를 바탕으로 한 어린이 전도의 실제를 구체적으로 이해하고 아울러 지속적 대책도 확인해 보았다.

교회 성장의 제 요인 중 전도를 통한 성장이 바람직하며 가장 확실하고 장기적인 전략이고 교회 성장 혹은 선교적 차원에서 가장 확실한 "수용적 토양"이 바로 어린이라는 것은 의심의 여지가 없다.

더 나아가 어린이 전도 그 자체로도 놀라운 결실이라 할 수 있지만 그로 말미암는 여러가지 획기적인 의미와 기여도(① 교회 성장과 전체 교회의 활력을 주는 손쉬운 도화선 ② 장래 일군의 근본적 확보 ③ 내일의 지도자 양육 ④ 미래 사회의 범죄와 범죄자를 감소시키는 유일한 방책)도 엄청난 것이다.

그렇다면 먼저된 우리는 어떻게 해야만 하는가?

첫째, 어린이 영혼의 가치를 깨달아야 한다. 어린이가 자라서 내일의 아버지 어머니가 되고 국가 사회와 교회의 지도자가 된다는 사실을 잊지 말아야 한다.

그러기에 하나님은 세계인구의 1/3인 13억의 어린이를 가슴으로 느끼며 그들의 가치를 인식하고 기도하며 돌보기를 바라고 계시며 그들에게 복음을 들려 주기를 원하고 어린이도 예수 그리스도를 영접하고 구원받기를 기다리신다.

사람의 가치는 하나님 앞에 있는 영혼의 가치이듯 하나의 인격으로서의 어린이 가치는 곧 하나님의 기준에서 따져져야 한다. 기능상의 본 유,무의 판단이나 대,소의 차이로만이 아니라 영혼의 가치성으로 보고 느끼며 인식해야 할 것이다.

둘째, 어린이들에게 대한 우리의 의무와 특권을 실행해야 한다. 어린이들이 변화되어서 하나님 나라에 들어 갈 수 있도록 가르친다는 것은 우리의 의무이자 특권이다. 그러기에 우리의 책임이요 주님의 명령인 말씀을 다시 기억해야 한다. "너희는 온 천하에 다니며 만민에게 복음을 전파하라."(막 16:15).

어린이들은 나이에 관계없이 지금 이 순간에도 수 많은 영향을 받고 있다. 라디오, 텔레비전, 잡지, 영화, 책, 나쁜 친구, 구원받지 못한 가족, 죄악 등을 통해서 말이다.[163]

어린이가 7세가 될 때까지 받은 영향의 90%가 그 사람의 평생에 영향을 끼치게 된다고 했다. 전세계로 복음을 들고 나아가라고 명령하신 주님의 명령을 받은 우리의 책임을 명심하고 나눠줄 수 있는 복음이 이미 우리 손에 들려져 있다는 사실을 기억해야 한다.

어린이는 이 복음을 듣기만 하면 살아난다(요 5:25).

어린이들도 예수님을 영접할 수 있도록 복음을 들려주고 그리스도의 사랑안에서 하나님의 일군으로 준비되도록 사랑하고 보살피며 양육해야 한다.

이것이 또한 우리가 하나님께로부터 부여받은 특권이기도 하다.

셋째, 이 사실을 누군가가 일깨우고 전도에로 나아가도록 촉구해야 한다. 그 책임자는 바로 교회 지도자들이다.

하나님을 기쁘시게 하고 그 뜻을 따르는 하나님 제일주의자요 복음적 신앙을 가졌으며 더 나아가 영혼 구원이 목적이고 교회 성장의 역사성이 그 사역의 중심이라면 어린이를 전도해야 한다. 그리고 복음화해야 한다. 어린이 시절에 그들을 시급히 기독교 사상과 복음의 능력으로 사로 잡아야 한다. 왜냐하면 어린이 시절의 감화는 일생 동안 사라지지 않는 법이기 때문이다.[164] 이 사실을 지도자가 강조해야 할 것이다.

물론 이 일에는 많은 사랑과 희생과 인내 그리고 투자가 필요하지만 문제는 이 일에 얼마나 눈을 뜨고 거 교회적으로 투입이 되느냐에 따라 그 성과가 달라진다. 어린이 전도에 있어서 가장 크고 위험스러운 방해물은 어린이 전도를 하지 않는 것이다!

참고도서

A. 국내도서

1. 기독교대백과서전 편찬위원회, 『기독교 대백과사전 IX』, 서울: 기독교문사, 1984.

2. 김명혁, 『선교의 성경적 기초』, 서울: 성광문화사, 1983.

3. 대한기독교교육협회, 『기독교 교육 대사전』, 서울 : 한국복자서원, 1987.

4. 동아국어사전연구회, 『동아 새국어 사전』, 서울: 동아출판사, 1991.

5. 오장열, 『교회성장과 개인전도』, 서울: 도서출판 양문문고, 1992.

6. 이상근, 『선교하는 교회가 되자』, 서울: 예수교장로회 총회,

7. 이장식, 『현대 교리학』, 서울: 기독교서회, 1974.

8. 임택진, 『전도할 수 있습니까』, 서울: 한국문서선교회, 1978.

9. 장기순, 『어린이 전도』, 서울: 예수교문서선교회, 1978.

10. 정성구, 『새 역사를 향한 실천신학적 과제』, 총회: 목회신학원, 1992.

11. 한국어린이전도협회, 『어린이 전도 핸드북』, 서울: KCEF 출판부, 1991.

12. 한국어린이전도협회, 『LTI 훈련 교양과목 I』, 서울: KCEF 출판부, 1976.

13. 한국어린이전도협회, 『LTI 훈련 필수과목 I』, 서울: KCEF 출판부, 1976.

B. 논문 및 잡지, 단편보고서

1. 『목회와 신학』, 서울: 두란노서원, 1992(1월호).

2. 박규현, 『어린이선교의 한 연구』, 1976.

3. 박규현, 『어린이 전도와 교회 성장』, 1987.

4. 『사단법인 한국어린이전도협회 이사회정기총회 보고서』

5. 정성구, 『저널 칼럼』, 1992).

6. 『오늘의 어린이 V』, 서울: KCEF 출판부, 1984.

7. 『오늘의 어린이 IX』, 서울: KCEF 출판부, 1985.

C. 외국도서

1. Biolet M. Rofes, Children (CEF press, 어린이)
   서울: 한국어린이전도협회, 1988.
2. C.E. Autrey, Basic Evangelism(정진황 역, 기본전도학)
   서울: 침례회 출판사, 1996.
3. Elvq Miles, A Handbook on Children Evangelism (한상국 역,
교사 핸드북)
   서울: 크리스챤 비젼하우스, 1984.
4. Elmer L. Towns, Evangelize thru Christian Education (김국환
역, 전도와 교회교육)
   서울: 무림서원, 1991.
5. E. M. Bounds, Power Through Prayer(기도의 능력)
   서울: 생명의 말씀사, 1971.
6. Elmer L. Towns, The Successful Sunday School and
Teacher's Guidebook(신원삼 역, 주일학교 교육백과)
   서울: 국제문서선교회, 1980.
7. Florence R. Kee, How to reach the Children for Jesus(홍설자
역, 어린이전도교육지침서)
   서울: 한국어린이전도협회, 1978.
8. George B. Euger, How to Susseed in Winning Children to
Christ(이영란 역, 성공적인 어린이 전도 양육법)
   서울: 나침판사, 1992.

9. I.O.T Textbook, T.C.E. Level I.(CEF press, 교사지침서)

　　서울: 한국어린이전도협회. 1991.

10. J.Irvin Overholtzer, A teacher's Guide (CEF press, 교사지침서)

　　서울: 한국어린이전도협회, 1982.

11. John R.W. Stoot(서정윤 역, 현대기독교 선교)

　　서울: 기독교서회, 1982.

12. J.Irvin Overholtzer (CEF press, 승리하는 삶)

　　서울: 한국어린이전도협회, 1970.

13. Jhon R.W. Stoot, Our Guilty Silence(김영배 역, 전도하지 않는 죄)

　　서울: 예수교문서선교회, 1979.

14. Molton H. Smith, Reformed Evangelism(김남식 역, 개혁주의 전도론)

　　서울: 한국로고스 연구원, 1991.

15. Oswald J.Smith(박광철 역, 구령의 열정)

　　서울: 생명의 말씀사, 1981.

16. R. Herbert(최은희 역, 자녀)

　　서울: 로고스, 1983.

17. R.B. Kuiper, God Centred Evangelism(박수준 역, 전도신학)

　　서울: 소망사, 1990.

18. Rox B. Zuch, Spiritual Power in Your Teaching (권성수 역, 성령과 교육)

　　서울: 영음사, 1977.

19. Wilma R. Wilkerson, Teaching the Christian Child(한국어린
이전도협회 역, 신아 교육)
　서울: 한국어린이전도협회, 1983.

미 주

· ·

1) 오장열, 『교회 성장과 전도』, 서울: 도서출판 양문문고, 1992,
p.26.

2) Elmer L. Towns, 『Teacher's Guide book』, (신원삼 역, 주일학교 교
육백과) 서울: 국제문서선교회, 1980, p.23.

3) 박규현, 『어린이 선교의 한 연구』, p.2.

4) 마 18:14 "이와 같이 이 소자 중에 하나라도 잃어지는 것은 하늘
에 계신 너희 아버지의 뜻이 아니니라." "우리"안에 있는 양을 먹이
고 보살피는 것이 목자된 자의 사명임과 동시에 "우리" 밖의 길잃
은 양을 찾아 나서는 것도 역시 목자의 할 바 책임임을 말씀하시면
서 그 결론으로 하나님 아버지의 원하심이 무엇인지를 잘 나타내
보이는 말씀이다.

5) R.B.Kuiper, God Centred Evangelism(박수준 역, 전도신학) 서울:
소망사, 1990, p.3.

미국 칼빈 신학교 교장이었던 Kuiper는 1938년 국제선교협의회 출
판인 『세계기독교 지도자들에 의해 해석된 현대 세계를 위한 복음
전도』란 책에서 사용했던 복음전도의 용어를 설명하기를, 어느 곳
에서든지 복음을 전달하는 그 자체가 곧 복음전도라고 하면서 복음

전도가 선교를 포함한다는 사실을 분명히 밝히고 있다.
6) 오장열, op. cit., p.29.
7) 정성구, 『새역사를 향한 실천신학적 과제』, 총회 목회대학원, 1992, p.8.
저자는 여기에서 지적하기를 "하나님의 선교(missio Dei)의 신학은 에큐메니칼 신학의 핵심으로서 하나님의 말씀(Text)이 무엇이라고 하는가를 문제삼기보다 정황(Context)을 관심의 대상으로 삼기 때문에 이는 인본주의와 세속주의 토양 위에다 종교 현상학적 방법을 통해 만들어낸 넌센스"라고 했다. 그런고로 하나님의 선교는 곧 하나님 보다는 인간성 회복과 인권회복이 그 핵심이다.
8) 오장열, op. cit., p.29.
9) 정성구, op. cit., pp.6-7.
저자는 이 책에서 "개혁주의 신학을 대성(大成)한 칼빈은 하나님의 주권아래에서 세계와 인간과 우주를 보고자 했다"고 하면서 "하나님의 절대주권은 만유와 만사의 근원이 된다"고 했다. 그런고로 하나님 주권을 인정하는 신전의식이 곧 교회성장과 선교의 근거가 된다고 강조했다.
10) Ibid.
저자는 "성경의 하나님만이 참된 하나님이다. 그런고로 교회는 변치 않고 무오한 하나님의 말씀을 확실히 붙들어야만 한다"고 했다.
11) Molton H. Smith, 『Rdformed Evangelism』, (김남식 역, 개혁주의의 전도록) 서울: 한국로고스 연구원, 1991. p.9.
12) 오장열, op. cit., p.11.
13) 빌 1:15-18. 바울이 감옥에 갇혀있는 동안에 일부에서 바울을 비방하고 경쟁심으로 복음을 전파하는 사실을 듣고서, 그는 인격 침해로 응당 분노해야 마땅하지만 바울은 개인적 차원을 넘어서 자기를

비우고 오히려 그리스도의 복음이 전파되는 그 사실 하나로 기뻐했
다.

14) R.B. Kuiper, op. cit., p.5.

15) Molton H. Smith, op. cit., p.7.

16) C.E. Autrey, 『Basic Evangelism』, (정진황 역, 기본전도학) 서울
침례회 출판사, 1976, p.35.

17) Ibid., p.38.

18) Elmer L. Towns, 『Evangelize thru Christian Education』, (김국환
역, 전도와 교회교육) 서울: 무림서원, 1991, p.22.

19) 롬 1:8-12. 여기서 바울은 전도를 신령한 은사에 대한 열망을 가
지고 말(tell)과 행동(Give)으로 나눠주는 것(Impart)으로 표현했다.

20) C.E. Autrey, op. cit., p.38. 그의 책에서 "복음전도는 불타는 마음
으로 복음의 증인이 되는 것이고 듣는 자들로 하여금 제자로 만들
려는 뚜렷한 목적으로 가르치고 전파하는 것"이라고 했다.

21) 잠 22:6. 지혜자는, 바른 선택의 지혜를 자자손손 강하게 일깨워
주는 교육적 안목 역시 견지하고 실행할 것을 독려하고 있다.

22) Biolet M. Rofes, 『Children』, (CEF press, 어린이) 서울: 한국어린
이전도협회, 1988, p.10.

23) Elva Miles, 『A Handbook on Children Evangelism』(한상국 역, 교
사 핸드북) 서울: 크리스챤비전 하우스, 1989, p.27.

24) 동아국어사전연구회, 『동아새국어사전』, 서울: 동아출판사,
1991, p.1687.

25) Ibid., p.1095.

26) 욘 4:11. 하나님은 니느웨 성을 심판하시는 것을 유보하신 것은
좌우를 분변치 못하는 십이만명 때문이라고 했는데 이들은 곧 영적
미숙아요, 어린이라고 본다면 어른들과 그 성읍이 살게 된 것은 결

국 이들 때문이라는 말이다.

27) 마 18:1-14. 이 말씀은 그리스도안의 공동체는 남녀노소, 빈부귀천을 막론하고 하나같이 귀한 신분임을 강력히 주지시키는 내용인데, 그 대상에는 어린이도 포함이 되며 그 모델이라는 것이다.

28) R. Hervert, 『자녀』, (최은희 역) 서울: 로고스, 1983, p.15.

29) J. Irvin. Overholtzer, 『A teacher's Guide』, (CEF press) 1982. p.7.
어른들이 어린이들에게 사랑을 주고 관심과 보살핌을 제공할 때에 쉽사리 반응하며 늘 새롭고 그리고 신속하게 반응을 보인다고 했다.

30) George B. Euger, 『How to Succed in Wining Children to Christ』, (이영란 역, 성공적인 어린이 전도 양육법) 서울: 나침반사, 1992, p.15.
20명 어린이게 복음을 전하면 받아들이지 않는 어린이는 그 중에 단 1명 정도 뿐이라고 밝혔다.

31) Ibid., p.13.
유치부에서 국민학교 들어가면 이미 전도의 효과는 반감이 되고 중학교, 고등하교에 올라갈수록 그 효과는 50대 50으로 낮아진다. 그러기 때문에 초, 중, 고 시절이 지나기 전에 전도를 집중할 필요가 있다.

32) 장기순, 『어린이 전도』, 서울 : 예수교문서선교회, 1978, pp.11-13.

33) Ibid., p.14.

34) Ibid., pp. 12-15.
주일학교는 교회의 타기관과 같이 생각할 것이 아니라 모판이라고 생각해야 한다.
왜냐하면 모판은 논은 논이되, 다른 논과는 다르기 때문이다. 모판 농사는 반농사이다.

35) 애 5:21.

예레미야는 지도자들의 무책임에 대하여 의분을 터트리며 눈물과 회개의 기도만이 죽은 자를 살리는 유일한 길이요 첫째 방편임을 친히 보여주며 요청했다(대하 7:14, 사 55:7).

36) J. Irvin Overholtzer, op. cit., p.6.

37) 『T.C.E level I』, (CEF press, 강사지침서) 서울: 한국어린이 전도협회, 1984, p.19

38) Ibid., p.23.

하나님께서 내일의 역사를 인도하시지만 먼저된 우리의 책임은 그 역사를 맡을 주인공들을 준비시키고 키우는 것이다.

39) Ibid., p.7.

품안에 안을 수 있을 때에 가르치며 기성세대의 둥지를 스스로 날아가버리기 전에 분명한 방향과 확실한 길을 반복적으로 전해들려 주어야 한다.

40) 장기순, op. cit., p.19.

성경말씀대로의 전도란, 교파나 교단의 사상이 아니라 먼저 순수한 복음을 들려주어 예수님을 영접하게 하고 반드시 복음적이고 건전한 교회로 연결시켜 그 교회를 중심으로 신앙생활을 하게 하는 것이다.

41) 창 12:3.

아브라함에게 주어진 큰 민족이룸, 복의 근원이 됨, 이 모든 것은 후대 자손과 연관된 것이기에 후손들을 위한 아브라함의 활동이 무엇이며 어떠해야 하는지가 전제된 것이다.

42) 창 18:17-19.

하나님께서 허락하신 약속의 성취를 위해 아브라함은 자손에게 명

하고 여호와의 도를 지키도록 가르치는 사역과 책임을 아울러 말씀
하셨다.

43) 한국어린이전도협회, 『LTI 훈련 교양과목 I』, 서울: KCEF press,
1976, pp.7-8.

44) 출 12:25-27.

하나님께서 명하신 이 예식을 행함과 아이들의 질문과 호기심에 대
해 어른들은 제대로 가르쳐 주고 준행할 것을 명하셨다. 곧 의식과
가르침은 동시적이다. 가르침이 없는 의식은 의미가 없는 것이다.

45) 『L.T.I.교양과목 I』,op.cit., p.8.

46) 출 12:29-51.

이스라엘 백성들은 이 예식을 하나님께서 모세를 통하여 명령하신
대로 준행하였으며 이를 장래에도 자자손손이 이 예식을 행할 뿐
아니라 그 의미와 숨은 뜻을 배워 알게 하라고 하셨다.

47) 출 13:11-15.

48) 『L.I. 훈련 필수과목 I』, (KCEF press) 서울; 한국어린이전도협회,
1976, p.10.

49) 마 18:10.

어린이 존재의 인식이나 존재가치의 이해는 주님의 안목에서 되어
야만 한다. 그렇지 않을 때는 어린이를 넘어지게 하는 것이 되고, 죄
에 빠지게 하는 것이 된다. 우리는 어린이를 넘어지게 할 아무런 권
한도 부여받지 않았다.

50) 마 18:12-13.

교사의 기쁨의 근본은 곧 주님의 기쁨이다. 잃어져 있는 것을 찾는
기쁨이 가장 큰 기쁨이다. 이 기쁨을 맛보려면 역시 잃은 양을 찾아
보아야만 가능하다.

51) 마 18:14.

하늘의 하나님이 나에게 아버지가 되듯이 어린이 하나하나에게도 그렇게 아버지가 되시기를 원하신다. 그 아버지의 뜻을 가로막고 나선다면 그는 돌아오는 탕자를 가로막고서는 첫째 아들과 다름이 없다(눅 15:28).

52) 『LTI 훈련 필수 과목 I』 Ibid., p.11.

53) 어린이를 데리고 나오되 목적을 가지고 해야한다. 그 최고의 목적은 결국 예수님께 데리고 나오는 것이어야 한다. 이 목적이 분명치 못하고 어린이를 데리고 나오는 것이나 또한 어린이를 못나오게 하는 여러가지 태도는 예수님께 다같이 꾸중들어 마땅한 행동이다.

54) 『TCE. level I』, op. cit., p.110.

55) 성도란 거듭난 경험이 있는 자를 가리키는데 사도바울이 어린이들을 성도에 포함시켰고 그렇게 대우했다는 사실은 그들이 거듭난 어린이들이었다는 증명이 된다.

56) 딛 1:6
장로의 조건 중의 하나인 믿는 자녀를 둔 자이어야 된다는 말은 어린이도 신자가 될 수 있다는 뜻이고 이는 곧 이미 그렇게 된 경험이 있다는 말이다.

57) 『TCE, level I』, op.cit., p.110.

58) 『LTI. 필수과목』, op. cit., pp. 11-12.

59) 장기순, op. cit., p.45.
이들의 말은 부모로서 신앙에 대한 자녀교육의 책임성을 극명하게 드러내 주는 내용들이다. 성경에서도 부모(교사)가 신앙전반에 걸쳐서 모범을 보임으로써 자녀(후세대)들을 교육시킬 것을 권고하고 있다.

60) 신구약을 막론하고 하나님의 말씀은 오고 오는 세대에 그것을 힘써 가르쳐 지키게 할 것을 교훈하고 있는데 이는 그 말씀의 능력

과 역사하심의 긍정적인 열매인 하나님 사람이 되게 하고 그렇게 살게 하는 변화의 역사를 전제하기 위함이다. 그 변화의 근본은 곧 중생인 것이다.

61) 막 16:15.
예수님께서 친히 어린이를 보시고 믿는자가 있으니 그 믿는자를 실족시키지 말라고 하셨다. 그러나 그 나이는 말씀하시지 않으셨다. 그러기 때문에 들을 수 있고 이해할 수 있고, 믿을 수 있으면(인정) 구원(중생)받을 수 있다.

62) 장기순, op. cit., pp.50-51.

63) Ibid., p.58.

64) Ibid., p.61.

65) Ibid.

66) Ibid., p.48.

67) Ibid., p.49.

68) Elva Miles, op. cit., p.3.

69) Florence. R. Kee. 『How to reach the chldren for Jesus』,(홍설자 역, 어린이 전도교육지침서) 서울: CEF press, 1978, p.2.

70) George. B. Euger, op. cit., p.6.

71) Ibid., p.1.

72) Norman Rohre, 『The Indomitable Mr. O』,(박영록 역, 불굴의 전도자), 서울: 한국어린이전도협회, 1988, p.107.

73) Ibid., p.144.

74) Elva Miles, op. cit., p.20.

75 Ibid.

76) Ibid.

77) Elmer L. Towns, op. cit., p.93.

78)『목회와 신학』, 서울: 두란노서원, 1991, 1월호, p.42.

79) Ibid.

80)『Evangelizing Today's Child』, (KCEF press, 오늘의 어린이), 서울: KCEF, 1985, 9월호, p.19.

81) Ibid., p.19.

82) Ibid., p.20.

83) Ibid.

84)『목회와 신학』, op. cit., p.87.

85) Norman. Rohver, op. cit., p.12.

86) 오장열, op. cit., p.38.

87) R.B. Kuiper,『God Centred Evangelism』, (박수준 역, 전도신학) 서울:소망사, 1990, p.117.

88) Ibid., p.114.

89) Ibid., p.116.

90) 장기순, op. cit., p.61.

91) George B. Euger, op. cit., p.14.

92) J. Irvin. Overholtzer, op. cit., p.7.

93) 박규현,『어린이 전도와 교회 성장』, 1987, p.32.

94) Ibid., p.33.

95)『기독교교육대사전』, 서울: 한국복자서원, 1987, p.463.

96) R.B. Kuiper, op. cit., p.102.

97) Ibid., p.104.

98) 오장열, op. cit., p.46.

99) R.B. Kuiper, op. cit., p.101.

100) 김명혁,『선교의 성경적 기초』, 서울: 성광문화사, 1983, p.93.

101) 『목회와 신학』, op. cit., p.86.

102) 이상근,『선교하는 교회가 되자』, 서울: 장로회 총회, p.76.

103) Ibid., pp.261-262.

104) John. R. W. Stoot,『현대 기독교 선교』, (서정윤 역), 서울: 기독
교서회, 1982, p.190.

105) John, R. W. Stoot.『Our Guitty Silence』, (김영배 역, 전도하지
않는 죄) 서울: 침례회 출판사.1976, p.11,

106) 이장식,『현대 교리학』, 서울: 기독교서회, 1974, pp.314-316.

107) Oswald J. Smith,『구령의 열정』, (박광철 역), 서울: 생명의말씀
사, 1981, p.41.

108) C.E. Autrey, op. cit., p.47-48.

109) 오장열, op. cit., p.64.

110) 박규현, op. cit., p.17.

111) Elmer L. Towns, op, cit., p.52.

112) J. Irvin Overholtzer, op. cit., p.21.

113) Roy B. Zuch,『Spiritual power in your Teaching』,(권성수 역, 성
령과 교육) 서울: 영음사, 1977, p.182.

114) Ibid., p.183.

115) Ibid., p.184.

116) E.M. Bounds,『Power through Prayer』, (기도의 능력), 서울: 생명
의말씀사, 1971, p.11.

117) Elmer L. Towns, op. cit., p.57.

118) 이장식, op. cit., p.347.

119) J. Irvin Overholtzer, op. cit., p.9.

120) Ibid., p.9.

121) Ibid., p.f12.

122) Ibid., p.111.

123) J. Irvin Overholtzer, op. cit., P.11.

124) Norman Rohrer, op. cit., p.83.

오버 홀쳐 목사는 어린이 전도협회 창시자로서 마 18:14 말씀을 중심으로 어린이도 구원받을 수 있다는 믿음과 이것이 하나님의 듯이라는 확신을 가지고 1935년 국제어린이 전도협회(I.C.E.F.)를 창설했으며 현재 세계 121개국에 CEF가 있는 세계 최대의 어린이 전도기관이다. 이를 위해 그는 직접 길거리에 나아가 어린이를 만나는 전도를 경험했고 단순간에 20명이나 결신하는 그 역사를 체험했고 지구본의 나라를 하나씩 짚어가며 세계 어린이 전도의 비젼을 키우며 기도했다.

125) Elva Miles, op. cit., p.40.

126) 장기순, op. cit., p.17.

127) Ibid.

128) J. Irvin Overholtzer, op. cit., p.10.

129) Ibid., p.10.

130) George B. Euger, op. cit., p.186.

131) Ibid., p.187.

132) Ibid., p.178.

133) Ibid., p.177.

134) J. Irvin Overholtzer, 『승리하는 삶』, 한국 어린이전도협회, 1970. p.13.

135) George B. Euger, op. cit., p.183.

136) Ibid., p.184.

137) Ibid., p. 185.

138) 박규현, op. cit., p.78.

139) Florence R. Kee, op. cit., pp.7-8.

140) 『TCE 강사지침서 Ⅰ』, CEF press 서울: 한국어린이전도협회, 1992, p.124.

141) Ibid., p.124.

142) 오장열, op. cit., p.148.

143) Ibid.

144) 『어린이전도핸드북』, 서울: KCEF 출판부, 1991, p.14.

145) 『TCE 강사지침서』, op. cit., p.87.

146) J. Irvin Overholtzer, 『A teacher's Guide』, op. cit., p.8.

147) 『글 없는 책』은 1927년 미국 어린이 전도협회로부터 가장 손쉬운 전도용교재로 사용되어져 왔으며, 세계 120개국 이상 널리 쓰이고 있는 자료로서, 글씨는 없고 오직 색깔(황금색, 어두운 색, 붉은 색, 흰색, 초록색)로만 만들어진 다섯장짜리 작은 책이다.

148) 여기 소개되는 어린이전도 프로그램은 한국어린이전도협회에서 실시하여 오고 있는 것들로서 필자가 지난 1976년 이래 지금까지 경험과 통계를 바탕으로 한 것이며, 교회 단위에서도 효과적으로 적용하여 놀라운 결실을 얻는 프로그램들이다.

149) 이 주간 강습회는 무료이며 한국어린이전도협회 주관으로서 전국적으로 (24개 도시) 실시 중이며 특히 서울지역에서는 매주 월, 화요일 낮 밤으로 네 곳에서 모이는데 시간은 약 두시간으로 교사

의 훈련 부분과 어린이 전도프로그램의 실습 및 시범으로 구성되는
세계적인 프로그램이다.

150) 사단법인 한국어린이전도협회, 한국이사회 제25차 정기총회
(1991년도분) 보고서, p.17.

이상의 표에 나타난 통계는 1991년도 한해 동안에 한국어린이전도
협회가 앞서 소개한 프로그램을 통해 전도한 결실인데 총 전도수가
238,142명이고, 결신수가 66,258명이다. 해마다 20만명 이상씩 전도
된다.

151)『오늘의 어린이 V』, 서울: 한국어린이전도협회, 1984, p.10.

152) Ibid.

153) Ibid., p.11.

154) 박규현, op. it., p.81.

155) Wilma R. Wilkerson, *Theaching the Christian Child*『신아
교육』, (서울: 한국어린이전도협회, 1983), p.9.

156)『목회와 신학』, op.cit., p.43.

157) Ibid., p.44.

158) Ibid.

159) Norman Rohrer, op. it., p.5.

160) Ibid.

161) Ibid., p.157.

162) Ibid., p158.

163) 특히 이 부분에 대해서 정성구 교수는 "TV 금식을 하
며"라는 저널 칼럼에서 지적하기를 "현대 문명을 이끌어 가
는 챔피언인 TV를 비롯해서 인본주의적이고 진화론적이며

유물론적 그리고 무신론적인 전파 미디어가 공중 권세 잡은 자에 의해 완전히 독점되었으며 여기에 어른들은 물론 어린 이들까지도 아무런 대책도 없이 완전히 노출된 채 무차별 공격을 당하고 있다."고 했다.
164) 임택진, 『전도할 수 있습니까』(서울: 한국문서선교회, 1991), p.143.

한 눈에 39권을 1,2

한 눈에 39권을 1, 2/김석규 지음/신국판/각권 값 3,900원
한 눈에 27권을/김석규 지음/신국판/2000년 4월 발간 예정

강력추천
이 동 원 목사(지구촌교회 담임목사)
장 두 만 박사(횃불트리니티 신학대학원 교수)

오늘! 성경의 거대한 산맥을
탐험해 보시지 않으시렵니까?
이 책을 붙잡으면 성경이 한 눈에 보입니다!

"최고의 이익배당! 예스!"

21C 새로운 세기에 성경을 반드시 읽어야겠는데 하면서도 마음같이 되지 아니 하는 분들이 의외로 많이 있습니다. 이 책은 그러한 분들을 돕기 위해 쓰여졌으므로 용기를 내서 이 책과 함께 성경을 펼치시길 바랍니다. 성경공부에 시간을 투자하시면 최고의 이익배당을 받게 될 것을 보장합니다.

대학·청년부와 중·고등부 찬양의 회복을 위하여!
21C 청년들과 청소년들을 위해 엄선한 찬양곡들의 모음

노래번호순/가사첫줄 가나다순/주제별 분류/**수록음반색인이 있습니다!**

New Vol. 3

프레이즈

프레이즈 1, 2/각권 값 3,500원
프레이즈 합본집/값 6,500원

'예배는 곧 삶'이 되어야 하는 까닭에 참된 예배자로서 하나님을 찬양해야 하며 황폐화된 이 땅을 하나님 나라로의 회복과 주님의 주권 회복을 위해 21C 새로운 천년에도 계속적으로 하나님을 찬양해야 한다. Praise는 청년과 청소년들을 위해 그들에게 맞는 곡들을 엄선하여 모은 찬양곡집이다.

❖ 「부흥 2000」 전곡 수록 / ❖ 「새벽이슬같은」 소리엘 등 BEST 수록
❖ 99년 한국 CCM 종합순위 1위 워킹 「기대」 수록 / ❖ 축복송, 위로송, 교제송 등 수록
❖ 최신 경배와 찬양곡 모음집

프레이즈 3/값 3,500원